U0929438

Yes！早教

（修订版）

李梦延 著

上海交通大學出版社

内容提要

每每提到国外教育，很多父母会把国外孩子教育贴上“轻松”、“自由”、“开心”的标签。而当我继续和家长探讨对“轻松”、“自由”、“开心”这些字眼认识的时候，发现很多家长把“轻松”定义为没有作业就是玩儿；把“自由”定义为孩子想干啥就干啥不用管，把“开心”定义为孩子只要不高兴就不做也不要引导。

在这样的字面认知下，很多家长开始出现“散养”的教育理念。孩子刚刚接触早教由于环境不适应哭闹，家长就说他不喜欢，我们走了；孩子出现打人咬人的行为，家长说小孩儿都这样，长大就好啦；孩子在游戏中遇到困难，家长说这个孩子不喜欢，老师教得太难啦！面对孩子出现的各种问题，总是会放下一句“他高兴就好，他不喜欢就不要做，人家国外小孩儿都这样的，长大就好啦！”却全然忘记了作为家长在尊重孩子的性格特点基础上，自我带教技能的提升以及需要对孩子作出的最基本的引导。“轻松”不等于“没有作业”；“自由”不等于“放纵”；“开心”不等于“没有规范和引导”。

希望这本书能够帮助父母从目前的育儿困惑中解脱出来，获得一些启发，同时希望这本书能够帮助父母更加了解自己的孩子，在育儿这条路上少走一些弯路。本书适合所有愿意和孩子一起成长的有心父母阅读。

图书在版编目（CIP）数据

Yes！早教/李梦延著．—2版（修订本）．—上海：
上海交通大学出版社，2018
ISBN 978-7-313-19232-5

Ⅰ．①Y…　Ⅱ．①李…　Ⅲ．①婴幼儿—早期教育
Ⅳ．①G61

中国版本图书馆CIP数据核字（2018）第065026号

Yes！早教（修订版）

编　　著：李梦延
出版发行：上海交通大学出版社
地　　址：上海市番禺路951号
邮政编码：200030
电　　话：021-64071208
出 版 人：谈　毅
印　　制：上海万卷印刷有限公司
经　　销：全国新华书店
开　　本：880mm×1230mm　1/32
印　　张：6.5
字　　数：132千字
版　　次：2016年3月第1版
　　　　　2018年4月第2版
印　　次：2018年4月第2次印刷
书　　号：ISBN 978-7-313-19232-5/G
定　　价：39.00元

版权所有　侵权必究
告读者：如发现本书有印装质量问题请与印刷厂质量科联系
联系电话：021-56928277

色宝宝与色老师

我之所以为本书写序，有三个原因：第一、作者梦延和我的师徒渊源；第二、这本书确实帮到了我本人，打开了我的视野；第三、本书中谈到了性格色彩在亲子中的运用，而性格色彩是我毕生精力投注所在。

梦延最开始只是跟我学演讲和培训，后来迷上了性格色彩。通常情况，多数美女勤奋的比例并不高，因为先天资源的优良，没必要太过努力，而恰恰她的玩命钻研，在两年不到的时间，已经成为独当一面的专业性格色彩导师。

作为读者，梦延与我的师徒渊源你可忽略不计，我谈的后面两点，对为人父母的你，也许有用。

梦延是亲子专家，在国外浸淫过多年的亲子教育。一切关于孩子的琐碎的问题，在她的字典里都有明晰的解答。在本书中，她的一个重要观点，就是全家人的教育观念要一致，不一致，势必出现重大问题。

我闺女Amanda，是个性格非常坚持倔强的丫头，对于自己想要的东西很坚持。两岁那年，要给她断奶，每晚丫头都会哭闹，她可以在40分钟的时间里重复“我要喝奶”这句话700多遍，直到最后咬着空奶瓶哭晕过去。我陪在身边时间少，看到她哭闹心疼，于是就说服家里人随了孩子的心愿。当时哭闹的问题是解决了，但随后第二次断奶时，哭闹的时间更长，孩子更受罪。事后反思，我发现孩子教育中，一些原则性的问题要坚持，特别是全家人的教育观念要一致。后来在她要玩IPAD这件事情上，我开始动脑筋。在她第一次要玩IPAD的时候，就告诉她，每次只能玩30分钟，我在IPAD上设置了闹钟，闹钟一响必须关掉，刚开始丫头也会哭闹发脾气，但当发现家里要求都一致，这个规矩也就自然建立好了。

在本书中，梦延结合自己多年的幼教经验，分享了大量纯干货。随手翻开，就是一系列实用技巧，没有套话和空话，只有问题和解决问题。从喂饭、睡觉、爱哭、熊孩子，到兄弟姊妹的相处……也许未必包罗万象，但成为一本解决亲子教育中常见疑难杂症的集合书是绰绰有余，针对每个问题，都有实实在在的几招，可供因孩子而忧心忡忡和烦恼不已的父母立刻上手。

比如这两段：

红色性格宝宝特别喜欢关注和认可，但同时家长要注意表扬的方式方法，不要只是概括地表扬“你真棒”、“你真厉害”。这种没有营养的表扬会让此类性格的宝宝迷失方向，形成以后过于自我为中心的性格特点和自负的行为表现。因此在入托入园过程中，表扬具化可以体现为“哇，你今早这么勇敢，自己走进教室都没哭，你真棒！”“老师夸奖你，说你今天帮助新朋友拿玩具，真好！”

……

由于蓝色性格宝宝的情绪表达多半都是比较内敛的，有的时候为了哄宝宝，家长会答应孩子第一时间来接。但请注意，如果你说你是第一个，那么蓝色性格的孩子就会深深地印在脑子里面。和红色性格宝宝不同的是，情绪来得也快去得也快，而蓝色性格宝宝如果你一旦没有履行承诺，宝宝会沉默寡言，闷闷不乐，让家里人摸不着头脑，百思不得其解，所以家长一定要信守承诺。

……

以上两段话，不但精准地描绘红色宝宝和蓝色宝宝的行为差异，更有针对性地分别给出解决两种不同性格的宝宝产生情绪的处理方法，甚至具体到用什么语言来和宝宝对话。即使从未了解过性格色彩，当你看到这两段话，也能形象地浮现出这两种性格宝宝的画面，很快联想起自家的宝宝。

在本书中，我看到了很多家庭和孩子的故事，作者用她亲身的经历挖掘孩子早期成长背后家庭深层次的原因。在性格色彩课堂中，大部分学员集中问题都会来自与父母、夫妻关系。而看过此书后，你会发现，成年人无法好好处理大人的关系，很多问题就会延时，或是日趋严重，对孩子的未来造成影响。

作为亲子专家，梦延在对孩子的教育理解上，显然比我更有经验。她的出现，对我而言，是个大大的惊喜。十四年前，我刚开始研究性格色彩，憧憬有一天，全天下的人都知道自己的颜色。这个看起来遥不可及的梦想，不积跬步无以成千里，性格色彩需要从娃娃抓起。从那天起，我订立了一个“色宝宝计划”，先从学员的孩子开始，让他们的爹娘把他们每日的吃喝拉撒记录下来，用性格色彩加以分析，总结成案例。

我期待着有一天，性格色彩亲子课程能够让全天下的父母都知道，不同性格色彩的孩子应该用不同的方式教育，不要再用错方法，影响孩子的个性发展。因为个性的问题可能会伴随着孩子的一生，曾经被父母用不恰当的方式伤害过的孩子更有可能会永远带着心灵的伤痕，甚至当他们有孩子的时候可能会复制父母的错误的教育方式。解决这一切一切问题的唯一途径是父母通过学习了解孩子的性格，读懂他们想要的是什么。

我深知个人力量有限，我希望能培养出一批优秀的既懂亲子教育又懂性格色彩的老师，大家一起努力实现上述梦想。梦延的出现，让我感觉离这个目标更近了一小步，正如她的名字一样，梦想得以延续。

对于渴望走进宝宝内心深处的父母而言，这本书中提到的性格色彩知识实在是杯水车薪，假如你通过使用书上教的一招半式，搞定了你家小宝，切勿以为从此天下太平，因为你只是用对了方法，你还不知道为什么要这么用。当你不了解孩子的性格时，孩子年龄越大，与你的心灵距离就会越遥远。

我期待梦延赶紧开始她的第二本书，也许在不久的将来，《性格色彩亲子指南》就会面世，让我们那时再次相会。

2016.3

Foreword 前言

转眼间进入教育行业已第16个年头，这一路从国际学校任教、培训中心做少儿英语老师到出国留学和工作，再到回国进入早教行业，让我越发认可那句从小听到耳朵起老茧的话“三岁看到老，七岁定终生”。

我在国外干早教

2004年移民到加拿大生活前，我对于孩子早期教育的了解基本属于空白，更没有关注市场上那些早教机构。出于对国外教育的懵懂和好奇，我毅然决定辞职，飞往大洋彼岸。在我后来求学和工作的过程中，我的择校和选择工作单位的唯一要求就是要求低年龄化工作或是实习、实践要多于理论，然后就是感受西方教育理念、体验西方教育。我将自己沉浸在一个西方早教的环境中，全身心去体验每个外国家庭的生活、他们早期的育儿观念以及0～6岁阶段幼儿园到底都在做些什么。

在加拿大求学工作的5年中，有幸接触了来自世界各地的学前儿童家庭，他们给了我很多启发和对早教理念的最初认知。由于中西文化不同，隔代教育很少在老外家庭中出现，加之新妈妈产假可以长达1年，社会早教社区资源相比国内丰富，所以在新生儿的第一年大部分都是父母自己带孩子，而到了1岁以后他们都会选择家庭社区或是工作单位附近的幼儿园进行全托，让孩子开始最初的早期教育。

当我第一次进入3岁以下的宝宝幼儿园的时候，我看到的是8个月在大理石地面上自由自在爬来爬去的小家伙，是13个月自己吃饭的小萝莉，是24个月就开始学习自己独立穿衣的小帅哥。夏天他们会在操场上玩沙子或是穿着尿布尽情地玩水，冬天只要温度在零下25度以上，孩子们就会穿上厚厚的雪衣在雪地里面打滚。因为幼儿园的工作，开始有机会和很多小家伙更深一层地互动。我发现这些一两岁的孩子的独立意识和自理能力普遍较强。9个月开始学着吃饭，16个月自己坐好吃饭，24个月开始自己学着穿鞋穿袜等等。作为独立人的第一步就是要能够照顾自己，我们经常看到很多老外的孩子自理能力都很强，都很有自己的想法，那么我想在早期先让他们在生活上独立照顾自己应该算是个非常重要的启蒙教育了吧！

另外给我印象最深的就是孩子情绪管理能力的教育以及创造力的培养。在一次搭积木的活动中，一个30个月的男孩子在拼搭失败发脾气后，走到我身边告诉我“Linda, I am very frustrated. Can u help me to do it again?”（琳达，我很挫败，你能帮我再搭一次积木吗？）天哪！挫败，多么准确的一个情绪词语。相比很多孩子只知道哭闹，这个小家伙准确告诉我他的心情和迫切探求帮助他的方法。我必须说培养情商真的要趁早。

出国前，很多文章都说，在国外小朋友画了绿太阳，老师也会说很棒，而在我工作中，我的确看到了一个老师对着一个孩子画的黑色太阳说“Very good.”（很棒），然后再让孩子和大家分享了他的黑太阳的故事，小家伙只是怒气冲冲地说了句“She’s not happy. Because her Mom not give her candy today."（她很生气，因为她妈妈今天没给她糖）。事后我们才了解到是早上妈妈没有给小家伙糖，所以她不开心。但这不就是艺术吗？在艺术的创作中，创意是没有对与错之分的，只有不同，不是吗？

就这样带着无限的新奇和探知，转眼在加拿大学习工作了5年。在这5年中，我有太多的感触。简单用三点概括一下：

（1）父母将孩子作为独立个人给予尊重。

（2）家庭和幼儿园对孩子早期教育更侧重兴趣和学习能力发展。

（3）亲子关系需要高质量的陪伴，情感需要最真实直接的表达。

很多家长会说，国外难道没有熊孩子吗？当然有，而且也不少。但在我迄今国内外十几年工作经历中，我发现每一个所谓"熊孩子"背后都有一对"熊父母"，这个"熊"不是家长的学历、工作、家庭经济状况，而是父母对孩子性格的不了解；对早教阶段孩子需要什么教育环境和教育资源的不了解；再有就是错误的教育观念的输出。

我在国内干早教

回国那年是我从事教育工作的第十个年头，之前的工作经历再加上国外那些年的工作经历，让我把我的事业方向和目标锁定在了早教行业。因为我始终坚信"孩子的差异其实是家庭教育观念的差异"，而在0～6岁特别是在0～3岁，孩子所受的教育将在某种程度上影响孩子的一生。所以我希望尽我所能把我有限的早教经验和专业知识分享给学龄前孩子的父母。

在我回国的2009年，即使是上海这样的国内一线城市，对于早教还是有非常多的不理解。那个时候家长问我最多的问题就是“早教是干什么的”，“这么点儿的小孩儿听得懂吗”，“你们这儿孩子到底都学些什么”，“把孩子放这儿，我们等会来接就行了是吧”，当时对于亲子教育的重要性，以及家庭教育的重要性，家长的意识还处于萌芽阶段。而那时我就开始在早教中心举办各种早教育儿沙龙，当时一场也就二三十个人参加，家长最关心的问题，也都还在“不好好吃饭”、“打人”等等基本的生活起居和行为层面。

而到了2012年，上海的很多家长的意识开始发生了比较大的变化，这个时候家长的教育观念从孩子生活起居已经开始延展到社交能力、性格培养，特别是有些家长已经开始深深地意识到孩子没有问题，问题来自家里带教人的教育观念。特别是在2013年，真人秀《爸爸去哪儿》的播出更是掀起了一股亲子热，不同父亲的教育方式以及相应孩子的表现不同，引起了很多家长对自身教育方式的重新思考。而这个时候再来到早教中心的家长们也开始不那么“功利”，不那么急躁，他们开始懂得早教的真正含义不是孩子要学到什么知识，而更重要的是孩子通过参与，通过在早教中心与老师和小伙伴的互动中，无论是从运动、社交、语言还是认知上都得到全方位的发展。而有些家长感慨地说“这哪里是孩子来上早教，这整个就是我也要来学习。”而每每听到这样的感慨，我都会从内心给家长鼓掌。**其实早教中心只是提供了早教环境，而真正要接受早教的其实是每个家庭**。父母们在这个学习的过程中，了解孩子在早教阶段需要什么，需要什么样的教育资源和教育环境。爱和信任是教育的基础，而在早期教育阶段，显然父母才是孩子最好的老师。而从某种程度上来讲，早期亲子关系的建立，对于孩子自我认知、对社会的认识以及对这个世界的认知都起着关键性的作用。

家长对于国外早教的误区

回国这几年，我一直坚持在一线和家长进行互动和交流。每每提到国外教育，家长都会给国外教育贴上“轻松”、“自由”、“开心”的标签。而当我继续和家长探讨对“轻松”、“自由”、“开心”这几个字眼的认知的时候，我发现很多家长把“轻松”定义为没有作业就是玩儿；把“自由”定义为孩子想干啥就干啥不用管，把“开心”定义为孩子只要不高兴就什么也不要做也不要引导。

在这样的片面认知下，很多家长开始出现“散养”的教育理念。孩子刚刚进入早教由于环境不适应而哭闹，家长就说他不喜欢，我们走了；孩子出现打人咬人的行为，家长说小孩儿都这样，长大就好啦；孩子在游戏中遇到困难，家长说这个孩子不喜欢，老师教得太难啦！面对孩子出现的各种问题，总是会放下一句“他高兴就好，他不喜欢就不要做，人家国外小孩儿都这样的，长大就好啦！”，却全然忘记了作为家长，自我带教技能的提升以及需要对孩子作出的最基本的引导。“轻松”不等于“没有作业”；“自由”不等于“放纵”；“开心”不等于“没有规范和引导”。

在这些年进行的大量0～3岁家庭教育咨询中，我看到的是我们的孩子被夹在了家长所谓的“西方轻松、自由、开心”先进教育理念中间，无法适从。那天听个家长说个笑话，儿子从幼儿园回来说喜欢班上一个小女孩儿，然后和妈妈说“妈妈，妞妞要过生日了，我要爸爸给她买房子和车子，她一定就喜欢我了。”说罢周围的一群家长笑开了花。而我却陷入了思考。童言无忌，但这何尝不是孩子用稚嫩语言来表达他开始逐渐形成的价值观呢？所以有时候我会开玩笑地说"比吃苦耐劳，我们和韩日的孩子差一块儿。比创新动手，我们和欧美的孩子差一截儿。如果继续这种所谓'西方轻松、自由、开心'教育，俺们的宝贝儿，就剩下收房租了。"说这话是讽刺但更是一种心痛。看到这里很多家长疑惑了，难道国外小朋友不轻松、不自由、不开心？我们生活在一个二元对立的世界，任何一种教育模式都存在着利弊。而教育模式的形成与一个国家的文化、历史、国情等元素有密不可分的联系。在任何一种教育体制下，没有绝对的轻松、绝对的自由和绝对的开心。孩子学习和参与教育的过程是一个成长的过程。而凡是成长，在某个阶段抑或是某种程度上都会需要突破自我，这其中就一定会伴随走出舒适区的不安、焦虑和不开心，而作为全世界的家长和教育工作者其实要做的就是在教育过程中尊重孩子的本我性格，发挥其性格优势然后帮助孩子突破自我局限成为最好的自己，而不是逃避或是推脱责任。所以，如果非要说说"轻松"、"自由"、"开心"，简单来说应该就是：

（1）轻松：学习生活和个人兴趣爱好时间均衡以及作业的形式多样有趣。

（2）自由：思维的多元化和家庭及社会的尊重程度和接纳度高。

（3）开心：教育形式多元化，尊重个体优势鼓励创新创造。

三十年后看早教

为什么说三十年后的早教，因为那个时候在读这本书的你我想必已经成为爷爷、奶奶、外公、外婆，而那个时候我们的孩子也将为人父为人母。

在很多的大型讲座开场我都会和家长互动“三十年后的我们也会成为外公、外婆、爷爷、奶奶，请问在座的家长有多少愿意像我们的父母一样，帮我们的儿女全职带孩子的呢?”无论是北上广深这类大城市，还是一些二三线城市的家长，在这一点上倒都是格外的一致，参与的比例不到10%。那么那个时候我们的隔辈亲们都要去哪里呢？所以从每代人的生活理念和家庭教育观念上的差异来看，早教用什么形式融入每个家庭生活中，只是时间的问题。

那个时候也许到处都是早教中心，或者早教中心也开始线上线下，或者我们开始也有新生儿的幼儿园，再或者国家开始鼓励妈妈全职带宝宝到3岁，谁又知道呢？但无论是哪一种形式，**早教的核心永远是正确的育儿观念配合宝宝的家庭教育环境，这应该是无论何种形式都不可替代的中心思想。父母是孩子的第一任老师，也将是成长中的终身导师。**

说说这本书

读这本书的家长，想必这一定不是您读过的第一本关于早教的书籍。那这本书又有什么特别之处呢？

本书共分四部分。

第一部分介绍了我在早教中心家庭咨询中的一些实战案例。案例的主题覆盖老生常谈的隔代教育、孩子行为问题的解决到这些年一些热议话题二胎教育以及单亲宝宝的成长。在这些案例中，家长们或多或少会看到自己家庭的一些缩影，同时也会获得一些非常实用的家庭育儿问题的解决方法。

第二部分分四篇介绍了十六个育儿技巧，这一部分最重要的特点就是实用，为家长遇到的很多实际问题提供了参考和解决方案。

第三部分分为三篇，帮助家长更好地了解孩子的性格特别是自己的性格。孔老夫子在几千年前就说过因材施教，但在我们目前的实际教育环境中师生比例、教育观念以及高考指挥棒的高压下，很难得以实施。但在早教阶段家长可以充分地花时间去了解孩子的脾气秉性和兴趣爱好，为后续为孩子提供什么教育环境和教育资源做到因材施教。而这个过程中最重要的就是不仅要了解孩子的性格更要了解自己的性格。这一章节我多解释，但相信家长看后会有些不一样的感受。

我的小小期望

记得在加拿大读书的时候，我非常喜欢的一位教授和我道别，她说："我要去巴西教书一年。"我问："去大学吗？教谁呀？"她回答我说："是去给巴西22岁以上的女孩子上课。让她们知道孩子早教的重要性。巴西政府相信，如果他们能够改变一代女人的思想，就有能力改变巴西下一代人的命运。"这件事情我一直都记在心里。我们也许拥有很多个证书，大学时候的英语四六级水平和计算机操作能力，工作后会计师、育婴师等等。而当我们要承担另一个生命的人生导师的时候，我们同样需要学习。

希望这本书能够帮助家长从目前的育儿困惑中获得一些启发，同时希望这本书能够帮助您更加了解自己的孩子，在育儿这条路上少走一些弯路。我更希望的是，有一天年轻的父母是在孕育一个生命前就有机会去了解什么是早教、怎么做父母、怎么走进孩子的心里，想想那一天就觉得无限美好！

2016年3月　上海

Contents 目录

第一部分

那些年我走进的家庭

十几年的教师生涯，让我有机会和来自世界各地的宝宝家庭一起工作，在和宝宝互动的同时，我也无意中走进了他们的家庭生活，除了解答家长多种多样的育儿问题，很多时候我要解决的是家庭问题，比如婆媳关系对宝宝成长造成的问题、隔代教育观念不同造成的问题、夫妻离异造成的宝宝性格变化问题以及家庭中二胎宝宝给第一个孩子带来的困扰问题等等。而当这些问题解决后，家长和我惊奇地发现，宝宝的进步突飞猛进。于是我开始整理这些故事，希望可以和更多的家庭分享，让更多的父母少走一些弯路，让更多的宝宝家庭受益……

外婆才是妈妈

宝宝：建建　30个月　男孩

参加家庭指导的带教者：爸爸、妈妈、外婆

隔代教育是中国家庭教育的特色之一。在这样的模式中，有典型的4-2-1模式，即四位老人、两位父母和一位宝宝的形式，也有2-2-1、1-2-1、2-1-1等多种模式。在隔代教育中有很多益处，如老人对宝宝无微不至、24小时的全程陪伴等。但与此同时也会带来由于过分宠爱和过时的带教方法，而造成的宝宝任性抑或是发展滞缓，以及后续父母自己带的时候，缺失带教经验等等相应问题。在我接触的诸多隔代教育案例中，我想和大家分享建建一家的故事。

在和建建家庭进行沟通前，我召集了建建的带班教师进行基本的情况了解。“尖叫，不停地尖叫，只要不满足需求就是尖叫和哭闹。”琪琪老师绘声绘色地描述一次上课小朋友要归还玩具时候，建建不愿意归还的行为表现。“还有就是上课都是外婆进来陪伴，我看到有几次妈妈要进来陪建建上课都被外婆阻止了”，莹莹老师补充道。老师们你一言我一语，最后总结一下就是30个月的建建互动沟通基本靠手势，语言交流很少，脾气非常急躁，带教模式为1-2-1，外婆主导爸妈跟班。

周末天气晴朗，建建一家如约来到早教中心，外婆在前，建建大熊抱外婆，爸爸妈妈跟在后面。坐下来后，还没等我开口，建建就开始一边尖叫一边指着门，外婆只要有坐下的意向，尖叫声就上升三级。爸爸实在受不了了就和建建说“爸爸带你出去玩好吗？”建建像完全没听到一样，尖叫声更加刺耳并开始伴随哭闹，虽然在外婆怀里但整个人都快要奔出去了。妈妈又问了一次，换来是同样刺耳尖叫和更大声的哭闹。我知道他想让外婆带他出去，但习惯了用尖叫和哭闹表达需求，不知道如何用正确的方式表达自己的需求。外婆终于出动了，“好了好了，阿婆带你出去，阿婆带你出去。”瞬间尖叫声减弱，哭闹声停止。外婆回头又和爸爸妈妈说“你看你俩带不了，还是我来，你看不哭了吧！”建建“成功”达到目的。于是爸爸妈妈看着外婆和建建的背影，无奈地叹了口气。

看着这一家我大概有了基础判断，基本上是老人把外孙当成了儿子带，建建出现了情感错位把对妈妈的依恋投射到外婆身上。外婆将所有情感和关注都放在建建身上，而孩子的依恋也让外婆有非常强的满足感和被需要感。但外婆忘记了建建是外孙不是儿子，她的女儿和女婿需要学习如何做父母。其后和建建爸爸妈妈的沟通也正如我的最初评估。

“老师，我家岳母管得实在太多，她觉得我们带不好孩子，什么都要听她的，我们要是管管孩子，孩子哭了就说我们虐待孩子。我平时只有周末有时间，想单独带孩子出去走走，老太太也不放手，说孩子会生病。我们两口子就只能在家打打下手，给孩子洗洗衣服做做饭，我岳母要陪孩子玩。有时候觉得老人带孩子也不容易，周末让她休息，孩子和我们睡，孩子一定刚开始不适应会哭闹，一哭闹还不等我们哄，老太太就开门说我们带不了，孩子要她。现在30个月了话不会讲，脾气很大，也不和其他小朋友玩，每天就黏着他外婆，这眼看明年就上幼儿园了，可怎么办？”爸爸一口气表达了他的不满和担忧。我看看妈妈，妈妈只是微微地点头，轻轻地说：“我妈这个人很强势，我父亲过世早，我有了孩子她才来上海，我们在上海也没什么亲戚朋友。我妈的确是把所有的关注都放在建建身上了，建建也的确离不开她。”我反问了一句：“如果有一天需要你们自己带建建，你觉得你们可以吗？”爸爸没有任何犹豫地说：“辛苦点，刚开始不适应但一定可以。”而我转身看看妈妈，妈妈沉默了，说：“我妈离不开建建，建建也离不开我妈，我弄不了这孩子。”我把问题明确了一下说：“我说的是加强父母和建建的亲子关系，外婆由主导变为辅助，这是否是你们想要的家庭带教模式？”爸爸听后频频点头，妈妈听到不是完全自己带也松了口气。确定了目标的一致性，我需要了解孩子的作息时间、兴趣爱好、脾气秉性以及各方面发展情况，这样的基本信息了解，会帮助育儿咨询师了解是因为带教人的带教方式出现问题造成孩子的发展和行为问题还是孩子本身的发展问题。

接下来就是要对主要带教人和孩子的互动方式进行观察与评估了，以进一步判断是家庭带教问题还是孩子自身发展问题。“好吧，接下来我们需要一起到游戏区，我需要你们和外婆一起和建建进行玩耍互动，就当我不存在，我会进行一些记录，待互动后我们再进行沟通。”爸爸兴冲冲地向游乐场走去，而妈妈似乎有些犹豫……

走进外场，就看见建建一边尖叫一边哭，眼睛一直盯着旁边小朋友的玩具。外婆一边抱着他一边哄，“等下阿婆出去给你买，我们玩这个好吧！”建建哪里肯罢休，身体向外奔，脸憋得通红。爸爸问了下情况，原来是其他宝宝在玩玩具，建建非要，小朋友不给，于是大发脾气。爸爸想尝试注意力转移，爸爸在不远处，拿了一个玩具叫建建来玩，建建无视爸爸，继续尖叫。这哭闹尖叫声持续了15分钟，毫无减弱的趋势。爸爸意识到了问题，这15分钟，妈妈和外婆一直希望能够哄建建高兴，但这样却让建建脾气更大。于是爸爸走到外婆身边说：“妈，把他放下吧！哭会儿就好了。”“那哪里行，等下哭坏了。”外婆继续抱着建建。建建的妈妈在旁边不作声。爸爸推了妈妈胳膊一下，暗示妈妈去和外婆沟通。“妈，他这么闹不是个事情，您让他下来待会儿玩玩别的，没准等下就不哭啦！”妈妈终于开口了。接下来小两口极力说服着外婆，可换来的是外婆的情绪爆发。外婆硬生生地将建建的双手扒开，孩子瞬间从外婆的身体滑落到地面。这下小家伙不干了，哭闹着双手抓着外婆的衣服追着外婆。爸爸这个时候是又急又气，一把把孩子拉过来，试图通过硬性分离来结束这个过程。

看着眼前这一幕，我知道如果此刻再不介入，就会演变成建建无休止的哭闹和爸爸同外婆的争吵。于是我快步走向前，示意爸爸放开建建，被放开手的那一刹那，建建飞奔到外婆面前，仰头看着外婆，那眼神是在乞求外婆将他抱起，而外婆也已经是眼泪在眼睛里打转。虽然外婆的处理方式欠妥，但孩子在和其他小朋友互动中受挫，主动找自己最依恋的人寻求情感安慰是没有错的，只是要等其情绪平稳后再教育。我蹲下身，在建建旁边说："建建刚刚没拿到想要的玩具很伤心，现在想让外婆抱抱，是吧！"（孩子的任何情绪都可以被接受，但不是任何行为都可以被接受。在和孩子讲道理做规矩前，先处理情绪再处理事情，可以是语言的接受也可以是肢体动作的接受，这其中也包括家长自己的情绪。）建建听到我说的这句话，瞬间哭声降低了一个级别。我示意外婆抱起他，拍拍他的后背，但不要讲话，此时也不允许父母干预。大概过了10分钟，建建的情绪逐渐平稳，妈妈上前想抱过建建，建建推开妈妈。"你就别招他哭了，我哄就行啦！"外婆一句话就让妈妈瞬间后退三步。

看到老人和孩子情绪稳定了，就可以进行到教育观念分享过程。我告诉外婆，外婆安慰建建是对的但还是要让建建学习如何和小朋友相处并且在遇到挫折伤心的时候不能总是用哭来解决问题。我本以为老太太会不接受，但以下的话却也让我感到老人的担忧和无助。"老师，这孩子最近特别难带，脾气倔，还不讲话，什么都要顺着他否则一哭就是半个小时一个钟头，我怕他出汗然后感冒，就顺着他。他爸妈忙又不会带孩子，我这老了以后也带不动了。"外婆向我开始诉苦（老人带教中的两大原则：不哭和不生病）。我蹲下身，仰着头继续和外婆沟通："外婆您是很辛苦的！这一天24小时带孩子，年轻人都吃不消！那外婆，现在您女婿和女儿不会带孩子，等您老了，他们还是不会呀，建建和您这么亲，那个时候建建和他们不亲，他们更带不了，那怎么办？"（和老人沟通教育观念最重要的是认可他们的付出并认可孩子和他们的关系。）外婆沉默了一会儿，这个时候建建的哭闹也基本停止了。我示意外婆抱着建建走近刚刚“惹”他哭的哥哥旁边，让外婆问建建是否是想要哥哥手里的玩具，建建不语但眼神直勾勾地盯着哥哥手里的玩具。我示范给外婆看，友好地和对方说“小哥哥的玩具可以给我玩一下吗？”对方家长很是配合，将玩具递给了我。于是我示意外婆用同样的语言和方式和我沟通，建建小眼睛直勾勾地盯着我，焦急地等待着我的回答，我爽快地将玩具递给建建，让他明白有需求用语言沟通而非哭闹解决。拿到玩具的建建破涕为笑（当宝宝最初尝试用正确的方法进行社交互动时，尽量创造积极的互动方式和互动结果，建立孩子对正确行为方式的认知并提升自信心）。

观察和评估结束后，接下来需要对整个家庭进行家庭教育方案制定与追踪计划，我需要和爸爸妈妈还有外婆进行后续方案的制定。建建的行为表现和语言表达能力需要提升并非孩子自身生理发展问题，主要问题在于家长带教方式，而后续解决带教方式问题需要父母全力配合。

帮助建建加强与父母的亲子依恋关系是第一步。根据建建的情况可以看到孩子与外婆的依恋关系非常强，出生后外婆24小时全程陪伴，而妈妈只是承担了哺乳，爸爸承担了赚钱养家保障家庭生活运转的责任。父母在建建的成长中缺失了很重要的两部分：陪伴和教育。目前的情况，一方面是由于外婆的强势、对子女带教缺乏信心以及外婆个人情感寄托在孩子身上的问题，另一方面也因为父母不够主动，早些时候图省事，缺失了与孩子建立依恋关系的关键期。孩子的情感过渡不能强硬，需要循序渐进，因此建建家庭的教育方案要从三方面着手：

全方位家庭教育指导

1. 观念认知指导

观念上爸爸妈妈要清楚认知父母的责任，孩子终有一天需要他们独立带教，早期亲子关系建立对孩子身心发展和日后的成长过程中的沟通都起着关键作用。父母下班及休息日主动承担建建的生活起居照顾。很多家长都觉得自己下班只要陪孩子玩就够了，殊不知生理需求是孩子的第一需求，在这个照顾的过程中会让亲子关系加深，也更让父母了解孩子的脾气秉性。

外婆观念上要认知建建是外孙而不是儿子，儿女需要学习带教方式，外婆需要逐步由主导变为辅助。帮助外婆建立社交圈，让外婆精力适度分散并充分享受属于她的晚年生活。早教中心课程，平时外婆带，周末爸爸妈妈带。平时上课回来，外婆把课程学习单带回家供父母帮助建建复习。

2. 发展评估与带教方式指导

1）语言发展

在游戏活动中坚持用“语言伴随和联合注意”的基本方法，并鼓励建建用语言表达需求，从单词开始，然后家长逐步延展，在6个月内达到同龄小朋友水平。

2）情绪表达

“哭闹并不能够满足需求”，接受孩子情绪的同时引导建建学习用语言表达自己的需求，并学会面对不同情绪的处理方式。生气时不能丢东西、挫败时不能打人、伤心时不能尖叫。通过3～6个月时间改进目前哭闹无休止的行为表现。

3）作息调整

通过1个月的时间，逐步建立标准的“三餐、两点、两户外、一午睡”的作息时间，为进入幼儿园做铺垫和准备。

4）早教课程

课程添加“绘本阅读课程”与“创意美工课程”，提升建建对阅读的兴趣从而在阅读中习得语言，另一方面通过创意活动提升建建的动手操作能力和小朋友的互动社交能力。坚持上课3～6个月。

3. 效果提升原则

父母和外婆与建建的互动原则：一致和持续。对于以上建立的教育方案，在执行中必须保持一致性。另外任何孩子的行为发展变化和进步不是一蹴而就的，需要时间，第一原则执行得越好，效果呈现时间会越短，否则效果呈现时间会很慢甚至教育方案实施失败。

咨询结束后，望着这一家四口的背影，感触颇深。家长改变一分，孩子改变一百分，只要建建的父母愿意积极参与、老人积极配合，我相信建建的进步将是突飞猛进的。后来我发给了建建的爸爸一条短信：

和外婆说：孩子成长中放手才是一种爱，未来的路需要他们自己走，陪伴只是暂时的，儿女需要在实践中学习如何做爸爸妈妈，外婆要学会享受属于自己的晚年生活。

和妈妈说：妈妈要长大，不再依赖外婆，努力学习和建建一起生长。

和爸爸说：肯定外婆的付出，鼓励妈妈成长，在为家庭奔波奋斗的同时多给家庭一些时间，因为让我们奔波最大的原动力来自这里，让我们奔波的最大希望也在这里，期待建建的进步，1个月后见！

iPhone爸爸和大卡车宝宝

宝宝：浩浩　25个月　男孩

参加家庭指导的带教者：爸爸、妈妈

每次提到父母教育观念的重要性，我总会想起iPhone爸爸和大卡车儿子。那是一个夏天的早上，我按时来到了早教中心。每次和每个家庭接触之前，我总是会问问带班的老师关于孩子的情况和需要解决的问题。“上课不停地跑动，一刻也停不下来，妈妈上课就只能在他后面追，把他拉回来。25个月了，很少用语言表达需求，很多时候都是尖叫。爸爸很少来，和我们沟通就说只能打，打了才有效。”了解了宝宝的基本情况，我开始走进这组家庭。

这是一个80后家庭，来参加咨询的是爸爸和妈妈。问了几个常规问题后，进入观察与评估阶段，以便了解是宝宝的成长发育需要帮助还是照料者的带教引导技能需要提升。整个过程中我看到浩浩在活动外场不停地跑动，妈妈坐在一旁喊“别跑了，快看看妈妈手上有什么？这个多好玩。”而爸爸只是站在一旁，不停地摆弄手里的iPhone玩游戏，时不时地回头和我说两句，“老师，这孩子太皮了，只能打，你吼一下他安静两分钟，打一顿能安静五分钟。”和妈妈沟通中，得知浩浩非常喜欢车子，于是我开始加入到浩浩的玩耍中，希望了解他，并开始尝试一些引导方式。

我开始在浩浩能够接受我的距离内站定蹲下，表示友好地冲他微笑。他刚开始对我不理不睬，但等下跑累了，又看到我一直对他表示出友好，就开始端详我。我没有急着靠近他，只是试探性地问，“浩浩，你喜欢车子是吗？老师办公室有很多车子，你要不要去选一辆拿出来玩。”他看看妈妈，我表示可以一起来，于是浩浩大摇大摆地走进了我的办公室。为了能够迅速和宝宝建立互动的关系，办公室里面有很多玩具，门一开，浩浩没有任何的犹豫直接走到柜橱边挑起了玩具，通过这点可以看到，这个小家伙不是个怕生的孩子，而后续的互动中，也让我充分证实了这一点。

挑选玩具的时候，是特别好的训练宝宝听指令的时候，而这也正是浩浩爸爸妈妈最苦恼的事，他完全不听指令。我稍微走快了几步，走到浩浩面前，“浩浩，想要车子是吗？”我拍拍地，“请坐下，老师拿给你。”他看看我，没有反应，于是我第二次发了一次指令“请浩浩坐下，老师拿给浩浩。”这时我轻轻顺势拉了浩浩手一下，他坐下的同时，我马上把车子递给他，帮助他了解听指令和积极反馈的关系。浩浩坐在地上摆弄着车子，时不时发出嘟嘟的声音，我模仿他并和他的车子不时碰撞并大笑，这让浩浩很是开心。不一会儿这辆车子玩腻了，浩浩起身要去拿另一辆，我再一次拍拍地“请浩浩坐下，老师帮浩浩拿。”这次浩浩听到指令，马上就坐下等待，等着老师拿车子给他，当我把车子递到他手里，及时地鼓掌表扬浩浩“真棒，能够坐下等老师。”

妈妈瞪大了眼睛，说“从来没有过，在家里他要什么东西，都要马上到手，你怎么说都不行，不给就尖叫。”兴奋的妈妈，拉开办公室的门，大喊爸爸过来看。这个时候的爸爸，手里的游戏还没玩好，手里滑动着屏幕说“老师，一会儿就不行了，他安静不了一会儿。”然后眼睛又移动回屏幕继续游戏起来。

后续的半小时内和浩浩的互动，越来越好，以车子为兴趣点，浩浩在图书角选择了一本《汽车总动员》的书籍，在阅读中，他可以逐步听指令，翻书和“指读”。由于平时浩浩在玩耍互动中，家长的互动方式为“完全满足”或者“完全镇压”的方式，使得浩浩在听指令和语言表达上都存在着不同程度的问题。阅读的过程中，无论是什么车子浩浩总是会说“大打的”（大卡车）。

第一次家庭咨询结束了，通过观察记录与评估，浩浩的基本情况概括如下：

- 大动作发展：较好
- 精细动作发展：需要提升手眼协调能力
- 语言发展表达能力：需要提升
- 语言发展理解能力：良好
- 社交发展：不怕生并有非常明显的社交需求，但缺乏相应的社交技能
- 其他：听指令和专注力需要提升，问题在于互动者的引导方式

从浩浩整体发展来看，他的大部分发展都达到这个年龄段的要求，但个别发展需要提升，主要的原因不在浩浩而在浩浩的

家庭环境和浩浩的主要照料者，后续和爸爸妈妈沟通中了解到以下情况：

1. 作息安排

孩子的一日作息安排是孩子各方面发展的基础要素，浩浩一日安排中，两点让我有些堪忧。浩浩是典型的2-2-1家庭带教模式，即两位老人、两位家长和宝宝。老人感觉精力不够，浩浩又好动，于是在家老人为了让宝宝安静些，自己能忙些家务，就给浩浩看电视，电视全天都开着。于是“孩子看电视”就变成了“电视看孩子”，没有任何的引导和互动。如果外出要么就是全天都在外边玩耍，超市和小区的公园，同样引导性的互动较少，这样浩浩得到的语言引导和社交互动机会就非常欠缺了。

2. 亲子互动时间

父母到家都很晚，所以浩浩和爸爸妈妈有质量的亲子互动时间不多，父母回家后又想有自己的时间，总是希望浩浩能自己玩。而长久以来浩浩好像也习惯了，所以很少主动邀请爸爸妈妈一起游戏，唯一要和爸爸互动就是要求玩iPad。电子设备替代了人为的互动和交流，没有太多的引导，这造成了浩浩听指令的能力较弱。

3. 父母的互动模式

缺乏趣味性的家庭亲子活动和积极有效的引导方式，父母对浩浩的脾气秉性和兴趣爱好都不是很了解。于是父母的带教方式延续了老一辈的带教方式，即不听话就打，缺乏好的应对方式，这造成浩浩在和父母互动模式上“知道不对但不知道什么是对的”，特别是浩浩即使做对事情也缺少及时的肯定和鼓励，这样浩浩失去了再探索的动力。

听过分析并看到了当天的变化，爸爸妈妈也意识到问题所在并希望得到改善，根据以上情况综合分析，我给宝宝父母三个调整方案：

1. 平衡隔代教育

宝宝的父母必须要明白一个道理，老人可以帮助我们照顾宝宝，但教育宝宝主要责任还是在父母，终究有一天宝宝还是会回到我们身边，因此在早期建立良好的亲子关系就显得尤为重要。根据浩浩的家庭情况，我和浩浩的爸爸妈妈一起制定了浩浩的作息时间，每天除了保证两次的户外活动以外，动静结合，后续逐步加入各类静态活动。特别是要求在3个月之内爸爸妈妈每天晚上都要有1小时的高质量的亲子活动时间，形式由动到静，加入角色扮演游戏、积木搭建还有早期阅读。要点是在这1个小时内，父母要全心陪伴浩浩，不做与浩浩互动无关的事情。

2. 电视时间

配合爸爸妈妈的亲子活动，逐渐减少浩浩看电视的时间，从原来的3小时减少到每天半小时，iPad全天不超过10分钟。即使是看电视和玩iPad也需要成人的陪伴和引导，让电子设备玩耍也成为亲子互动的媒介和桥梁。

3. 早教课程

每周坚持两次课程，平时一次，周末一次，扩大浩浩的社交圈并得到教师的专业辅导。周末的课程爸爸妈妈一定要来参加，参加浩浩的学习过程并学习老师的引导方式，在过程中了解浩浩并建立良好的亲子关系。

4. *积极互动反馈*

宝宝的成长过程需要“互动－引导－反馈－鼓励”，在和浩浩的互动中，家长需要在浩浩的视线高度内和浩浩一起玩耍互动，并及时给予反馈和鼓励。

后续追踪

3个月的过程中，总是会看到浩浩在早教中心的身影，过程中看到浩浩讲话的次数比以前多了，并且经常看到浩浩会主动邀请爸爸妈妈一起玩耍，在爸爸妈妈的引导下，专注力有了明显的提高。上一次见到这对80后夫妻，他们和我说的一句话是“原来我改变了，孩子就会跟着变化，现在终于进入良性循环了”。父母是孩子的镜子，是孩子第一任教师更是孩子终身的导师。放下你手中所谓的繁忙，参与孩子的童年与他们一起成长吧！

姐抢的不是玩具而是关注

宝宝：林林　37个月　女孩

　　　西西　13个月　男孩

参加家庭指导的带教者：爸爸妈妈、爷爷奶奶、阿姨

每次在早教中心巡园，我总是喜欢在外场看孩子们玩耍听家长们聊天。近期家长们又多了一个热议话题“要不要生老二”。“这一个孩子以后太孤单，有个弟弟妹妹作个伴，可是呀，在上海再养一个负担有点重，而且听说产假也不多，”亮亮妈妈说。“说的是呀，咱们这辈儿差不多都是独生子女，这两年父母身体不是太好，真是压力山大。我的问题是我家老人已经说了带不动了，要是有老二要我们自己想办法。”琪琪妈妈回复道。是否要二胎，家长们的顾虑多半集中在经济条件、后续照料人和以后的养老问题，却忽视了你的老大准备好了迎接他的弟弟妹妹了吗？

做过妈妈的我们或多或少都听过，很多爸爸在宝宝到来的初期，由于妈妈全部关注点都在宝宝身上，爸爸出现的失落、焦虑、轻度抑郁等情绪，成人尚且如此，更何况是一个孩子？所以如果你准备家中再添一丁，大宝宝的心理建设要做些什么呢？全家需要做哪些准备呢？

每次说到二胎的事情，我都会想起林林一家。林林爸妈都

是70后，结婚比较晚，婚后第一年就有了林林。父母教育观念很好，林林很小就在早教中心上课了，各方面发展都非常均衡。最初接触这个家庭时，就有听说妈妈打算生二胎，也想等孩子大些。但没有想到的是弟弟在林林两岁的时候就来到了大家庭。刚开始为了照顾好弟弟西西，也为了林林能得到较好的照顾，爸爸妈妈决定自己带西西，妈妈全职，然后林林去爷爷奶奶家生活半年，爸爸妈妈周末一起带着西西去奶奶家看林林。半年中，林林和西西相安无事，林林每次见到西西也都很喜欢，又是亲又是给吃的。当妈妈觉得一切顺利的时候，就把林林接回了家。本以为全家在一起其乐融融，可是这半年多来，林林的脾气越来越大，动不动就打弟弟，然后哭闹非常严重，爸爸妈妈也感觉每天面对两个小家伙身心疲惫。手心手背都是肉，再送回去爷爷奶奶家，老人毕竟年纪大了，体力和精力达不到，而且老人太宠，以后自己再带就不好带了，可是目前的局面，爸爸妈妈不知道该如何是好。于是林林妈妈希望通过一对一家庭育儿指导获得有效的方案，改变目前的情况。

周三的下午，林林一家来到早教中心。刚进门林林就风一样地跑到外场，一下跳进了海洋球，站起来兴奋地朝妈妈挥手大叫“妈妈来呀，来呀！”这时候的妈妈手里还抱着西西。我和全家打招呼的时候，林林又再大叫“妈妈快来快来呀！”看这情形我知道常规的先咨询再观察的流程需要调整一下了。妈妈抱着西西也来到海洋球池边，弟弟西西刚进入海洋球池还有些紧张，一直抓着妈妈的胳膊不松手。这个时候林林已经等不及了，她用力拉着妈妈的胳膊，无论妈妈怎么解释弟弟的情况，林林都不听。就在妈妈要把西西抱起的时候，林林小手顺势打了西西的头。西西的哭声引来了爷爷和奶奶，奶奶第一时间抱起孙子，然后回头和林林说“不可以打弟弟的”。妈妈一把把林林从球池里面抱起来，还没等妈妈教育她，林林却大哭起来。林林西西哭声此起彼伏，好不热闹。10分钟后两个小家伙情绪都比较稳定了，我建议爸爸妈妈撤出，让爷爷奶奶和阿姨陪两个宝宝。祖孙四人在毛毛虫钻桶旁，玩得很开心，西西爬在里面，林林追，西西出来的时候不小心碰头了，林林过去帮弟弟呼呼。看到这时我想再次确认一下林林和西西的矛盾冲突点。于是我示意爸爸参与活动，5分钟过去，和谐如初，应该说两个孩子对于爸爸的参与都不是很关注。于是爸爸撤出来，妈妈进入游戏。前面5分钟，进展顺利，后来弟弟西西累了要妈妈抱抱，姐姐林林也一同跑过去，也要妈妈抱。无论阿姨爷爷奶奶爸爸怎么哄劝都不行，林林就要妈妈，并使用各种方法把弟弟推开。争夺妈妈的大战，又是以林西姐弟此起彼伏的哭闹声收尾。

经过一个多小时的观察，接下来我需要和林林的家人进行沟通。其中最重要的是要了解林林和西西在家的一日活动中父母对他们的姐弟两个的时间分配，这应该才是为什么林林脾气秉性变化的最大原因。

林林和西西由阿姨和老师陪伴在外场玩，我让爸爸妈妈、爷爷奶奶一起完成一份两个宝宝的一日作息安排表，其中需要填写每个时间段两个孩子的事项安排以及陪同人。刚填好一日作息安排，还没等我开口，妈妈先开口了，“老师，之前都一直很好的，林林和爷爷奶奶生活的时候，我们带西西去看她，都很好的，她对弟弟比较让着，怎么一接回身边就这样啦？”“这个情况什么时候开始的？在此之前林林的表现有没有什么不同？比如过分黏人、又或者特别想要得到你们的关注？”爸爸妈妈沉默了一会儿，爸爸突然想起了什么，说：“老师，有一段时间家里经常有客人来，大家一进门全都和小的打招呼或者要抱小的，林林就会很生气，本来没必要让我们抱，但她偏不放手。后来还有一段时间，就是要求用弟弟的奶瓶喝水，喝奶，还叫自己小西西（弟弟的名字前面加了个小）。然后弟弟要什么她就要什么，无论怎么说都不行，”妈妈补充道。“那当姐姐叫她自己小西西，并且和弟弟抢东西的时候，你们是怎么回应的？”我进一步了解家长对孩子的行为反馈，因为行为是孩子心理的外在表现。“我们还逗她，说大女孩儿不应该再用奶瓶。抢玩具当然是大的要让着小的啦！”爸爸妈妈几乎异口同声。和爸爸妈妈了解这些情况后，我又和爷爷奶奶还有阿姨确认了一些我的推测，基本上的统一回答是：大的让着小的、弟弟还小要多照顾一些、弟弟比较黏人离不开妈妈等等，听到这些的时候我的心里在为姐姐呐喊“你们都是弟弟！弟弟！我只有3岁，那我呢？”

结果爷爷奶奶写过的两姐弟的作息时间，我仔细分析了一下，包括就餐、休息、活动等，从中可以看出，家里的一日活动的安排是以弟弟为主的，只有在弟弟休息的时候，姐姐林林如果恰巧还没休息，她才有机会和爸爸妈妈单独相处，除此之外林林是被塞在弟弟西西的一日作息缝隙中的。再加上全家人和亲戚朋友对弟弟的关注，让姐姐林林感到了失落。哭闹、哭喊、打弟弟，这些行为的表面，姐姐心里到底在想什么呢？

- 弟弟出生后的半年，我被送到爷爷奶奶家，我每周只能见爸爸妈妈一次，为什么呢？
- 我终于回家了，弟弟一哭闹妈妈就去陪他，而有的时候我需要他们的关注，他们总是让我等一等，他们还爱我吗？
- 家里来客人啦，他们都围着弟弟忽视我，是我哪里不好吗？
- 弟弟要什么都给，如果我比他还小，我吃吃奶瓶，叫自己小西西，是不是妈妈就多关注我一下？
- 弟弟抢了我的玩具，爷爷奶奶都说我要让着他，可是我心里委屈，那个玩具我还没玩好呀！

姐姐林林的各种行为表现，无非是要提出抗议并希望爸爸妈妈关注她，希望爸爸妈妈接受她从独自一人享受爸爸妈妈全家人的关爱到现在被弟弟分走了大部分关爱的失落心情。

林林和西西的现象，在二胎家庭非常普遍，也就是我们通常说的“sibling rivalry（同胞争宠）”，在家庭中由于年龄相近、性别相同或是家长对待方式差异化而造成的兄弟姐妹间出现的争宠、嫉妒、互相攻击等行为表现。

家庭指导方案

- 单独的相处时间：每天爸爸妈妈要预留出单独陪伴林林活动玩耍的时间，这个时间里面爸爸妈妈可以轮流，让姐姐林林感受到父母对她的关注和爱是没变的。

- 全家亲子活动时间：每天固定一个时间段爸爸妈妈和姐弟两个一起玩耍互动，在过程中多多鼓励姐弟两个的互动，并且对姐姐给予弟弟的谦让和照顾及时鼓励和认可。
- 从思想上接受弟弟：通过绘本阅读让林林从思想上真正接受弟弟的到来，例如：《汤姆的小妹妹》《纳豆妹妹我爱你》《淘气弟弟来了》《我会有个弟弟吗？》等绘本，并且明白爸爸妈妈比较关注弟弟不是因为更爱弟弟而是因为弟弟小需要更多的关注和照顾，并且爸爸妈妈非常希望并欢迎林林和大人一起照顾弟弟。
- 出现冲突要公平公正：家里有了小的，发生冲突家长总是不问清事情的来龙去脉，就凭借“大的让着小的”一边倒原则，长此以往，老大的很多正当需求被忽略，情绪被压抑，而老二变得非常霸道无理。所以在后续的带教中，家人对待林林和西西的冲突要做到对事情的公平和公正，并将冲突变成非常好的学习和教育机会，教两个孩子如何和对方协商要玩具、如何等待和轮流。

一个多月后，在早教中心又碰到了林林的妈妈，之前几次看到他们都是全家一起出动，很少有一个人带着两个来玩。妈妈很高兴地告诉我“经过两个多月，每天两次每次30分钟单独和林林互动和沟通，还有全家人把关注平均分配，甚至来家里的客人，来家前都会被嘱咐要分别先抱两个然后再互换。林林之前的无理由哭闹和打弟弟的行为都明显减少了，家里气氛和谐了很多。今天妈妈自己带姐弟两个来玩，这在以前是根本不敢想的。”妈妈边说边笑。看着眼前的画面，我的幸福感也瞬间提升。其实只要家长愿意多花一点时间了解一些育儿知识，多花一点时间想想孩子行为背后的原因，就会少很多争执和眼泪，收获更多的欢笑……

我认命我要上幼儿园啦

宝宝：雯雯　39个月　女孩

参加家庭指导的带教者：妈妈

4月是上海幼儿园一年一度的入园面试，家长一方面欣喜地看到孩子的成长，另一方面又对孩子即将独自进入“社会”生活学习而担忧。

（1）我们还不太会吃饭，怎么办？

（2）我们大小便刚开始训练怎么办？

（3）我们比较怕生黏人怎么办？

（4）我们总是和小朋友发生冲突怎么办？

（5）到时候送幼儿园哭怎么办？

（6）到时候送幼儿园总生病怎么办？

（7）到时候送幼儿园不适应怎么办？

（8）到时候送孩子上幼儿园我哭怎么办？

去年11月的一个周末，我在早教中心办公，偶遇雯雯的妈妈。她看到我就把我拉到一边，看她焦急的表情，我就知道一定是雯雯上幼儿园的事情。“Linda老师可碰到你了，我家雯雯9月初上你们幼儿园了，她是那种狂哭型，第一周开始狂哭，老师说除了累了休息个5分钟基本不停。现在去了2个月了，倒是不太哭了，就是每天闷闷不乐，也不和小朋友玩，不会有什么问题吧？”由于雯雯是老会员我对她的情况基本熟悉，所以直接进入主题。

雯雯39个月了，24个月时开始上早教，当时上早教的原因就是因为妈妈感觉孩子怕生敏感，想通过早教扩大孩子的社交圈以提升社交能力。当时情况是到了早教中心就要家里人抱着，放都放不下，更不要说进入教室上课和小朋友互动了。当时也是我做的咨询，制定了两个月的过渡计划及家庭教育方案，家长非常配合，孩子进步很快，后来环境熟悉了就开始融入集体活动。这一年多来进步很大，性格也开朗了很多，但我知道对于雯雯这一类比较敏感怕生的孩子，上幼儿园的确是非常大的挑战。

“上幼儿园前我和你说的那6件事情的前3件事情准备得如何？”我想从基本的过渡期了解。我指的6件事情是指入托入园宝宝的过渡准备事宜。

（1）幼儿园作息时间准备。

（2）独立吃饭喝水。

（3）独立大小便。

（4）语言表达需求。

（5）听指令和专注力。

（6）合群与同伴分享。

前3件事情是在入园前半年到一年家长需要帮助宝宝准备的，之所以要了解这3项是因为生活自理能力的好坏直接影响孩子入托入园的适应性，自理能力好的宝宝更容易获得认可和自信。

“前3项我们准备得还不错，照你之前和我们说的，入园面试后我们就要了幼儿园的作息时间表进行调整，吃饭和大小便是刚来早教的时候我们沟通过，所以那时候我们就开始准备了。老师说她自理能力没问题，只要情绪好的时候她自己什么都能做好。就是闷闷不乐，总是问老师‘什么时候放学，妈妈奶奶什么时候来’，小朋友找她玩时她也不理别人，老师发了玩具她就自己拿到一边去自己玩。这不最近老师说，那天他们班级来了个新生，小姑娘哭得特别厉害。她这次倒是非常主动和人家说话，你猜她说什么？”雯雯妈妈开始卖起了关子。“她说你别哭啦，哭也没有用，你妈妈不会来接你的，你说这是什么意思呀？她这是认命了吗？”雯雯妈一边说一边笑。我听了感觉孩子的语言很好笑但同时担心雯雯带着这样无奈的心情不能快乐地在幼儿园学习，于是我打算到幼儿园和雯雯“陪读”一天。

和幼儿园的老师沟通后，周一早上8 : 30我如约来到幼儿园门口。和父母度过了愉快的周末后，周一早上孩子的情绪总会有些许的起伏，撒泼打滚的，哭闹耍赖皮的，雯雯也不例外。不一会儿，雯雯妈妈拖着雯雯朝幼儿园走来。雯雯一直在和妈妈说：“你再陪我一会儿好吗？你等下再去上班吧！你要第一个来接我呀！”妈妈也被雯雯情绪感染有些忧伤，于是开始嘱咐老师：“老师她昨晚上就开始念叨不要上幼儿园，晚上也没睡好，还有点感冒。”一旁的雯雯听到妈妈这么说，眼圈开始泛红。我示意妈妈给雯雯一个大大的拥抱和微笑，然后果断离开。

随后我开始了一天的陪读工作，主要是通过观察和记录，找到方法帮助雯雯更好地适应幼儿园的活动和学习。

一日观察记录

9：00～点心时间：雯雯情绪开始平稳，邻座的妞妞递给她一块饼干，她接受了。

9：30～入厕盥洗：雯雯可以独立小便，但提裤子还有些困难。

9：45～安全教育课程：雯雯对老师讲的内容很感兴趣，身体一直向前盯着老师的画册，当老师用眼神鼓励她发言时，她把头微微低下，表示不愿意回答问题。

10：15～户外活动：同班的男孩子在她身边跑来跑去，想拉她一起玩，雯雯靠滑梯站住，停止活动，小男孩离开。

11：15～午餐：雯雯能够很好地自己吃饭，并且桌面非常干净，老师表扬了雯雯，她微笑。

11：45～入睡准备：雯雯开始焦虑不安，一边哭一边问“妈妈什么时候来？什么时候可以回家？”在老师安抚下逐渐平静。

15：15～下午户外活动：雯雯不时朝幼儿园大门望去并和妞妞说“我妈妈第一个来接我”。

16：00～幼儿园离园：大部分小朋友都被接走，雯雯开始哭闹。妈妈来了后，手一直拉着妈妈不松开。

第二天一早，雯雯妈妈就急匆匆地找到我，“Linda老师怎么样？有什么问题吗？”我开始给妈妈讲述并分析昨天我观察记录到的信息。

1. 越是叮嘱越是不安

早上妈妈不停地叮嘱老师，这让本就在一旁焦虑的雯雯更加不安。家长在送宝宝入园的时候，建立每日的过渡活动，帮助宝宝调节情绪，当活动结束后一定是充满微笑和祝福地离开，最重要的是此时要果断。

2. 请不要太关注我

个性比较敏感的宝宝，在新环境中喜欢观察，然后以他们自己的节奏适应环境，当他们还没有准备好的时候，关注会让他们感觉压力而退缩，这就是为什么当老师鼓励雯雯发言的时候她拒绝的原因。后续和幼儿园沟通了，可以在小组活动中多鼓励雯雯发言，然后逐步过渡到大集体环境。

3. 请慢慢靠近我

雯雯的个性，在与小伙伴的互动中，需要一段时间热身，特别活泼的小朋友第一次靠近她会让她不知所措。在观察中妞妞与雯雯的互动较好，雯雯一点都不排斥，可以先和妞妞建立比较稳固的伙伴关系，然后再在老师的引导下逐步扩大社交圈。

4. 午睡让我想家

没有了游戏活动和小朋友的吵吵闹闹，安静下来了宝宝会不由自主地想家。妈妈可以让雯雯带一个家里她比较喜欢的毯子、枕头或者绒毛小玩具，熟悉的气味和物品会起到安抚作用，待雯雯逐步适应后，她会自然放弃安抚物品。

5. 说了早来接我，就要早来

雯雯在离园时的哭闹是因为期望的落空。妈妈早上说第一个来接，可是小朋友基本都走了，为什么妈妈还没来，于是你来了我就再不放开手。所以对于雯雯这类型敏感的孩子，在未适应阶段一定要比较早接孩子回家。

妈妈听完以上的分析，回了我一句话："按照你上面的讲，雯雯大概需要多久才能真正适应幼儿园？" 每次家长问我效果的问题，我都会微笑反问一句："我刚刚说的你是否可以完全配合并坚决执行。""这个必须全力配合，我的执行力和配合度你之前见过的呀！" 妈妈回答。"如果这样子的话，午休不安的调整大概需要两周，早上送和晚上接的情绪起伏只要你们配合大概两周，关于雯雯主动和小朋友社交还有在课堂上主动发言，这个要看幼儿园的配合度和后续家庭为雯雯创设的社交环境，我这边可以多多要求早教中心的老师在课堂和活动中多给雯雯创造一些机会，如果我们三方一起配合大概三个月左右。""第一第二项能这么快就有变化呀？我女儿慢热我知道，如果按你说的先有一个好朋友再慢慢过渡我觉得会很快，行，就按你说的做了。" 雯雯妈妈一边笑一边回答。

1个月后还是早上8：30我在幼儿园门口等待雯雯和妈妈的到来，不一会儿就看到雯雯拉着妈妈的手朝幼儿园走来。走到门口，妈妈说："来我们再玩一个顶牛牛，你就去和老师小朋友玩，妈妈就去上班啦！" 雯雯很开心和妈妈头对头地顶来顶去，游戏结束后。妈妈给了雯雯一个大大的拥抱和亲吻，并愉快地和她道别："和小朋友玩得开心呀！" 雯雯模仿妈妈的样子："妈妈玩得开心呀！" 于是蹦蹦跳跳地进幼儿园了！看完这一幕，我给雯雯妈投去了赞许的目光。无论是衔接活动、互动和表情，妈妈都很到位。后续和妈妈的聊天中，得知雯雯午睡在她心爱小熊的陪伴下已经没有任何问题，这周她也表示同意小熊可以回家找小狗去睡午觉了。社交方面，在与妞妞的玩耍互动中，雯雯回家开始会说“妞妞是她的朋友”，老师也表示雯雯开始逐步融入集体生活。

无论是入托还是入园，对于宝宝来说都是一次独立生活和独立面对问题的成长经历，这个过程有欢笑有眼泪，孩子需要家长的耐心和支持，特别是家长与幼儿园和早教中心的配合。这个9月又快到了，爸爸妈妈们，你们帮助宝宝准备好了吗？

我其实不爱爸爸

宝宝：小武　35个月　男孩

参加家庭指导的带教者：爸爸、妈妈、爷爷、奶奶、外公、外婆

每每遇到单亲家庭的宝宝，他们的敏感和大人话总会让我心里酸酸的，小武就是其中一个。小武不到两岁的时候就开始在早教中心上课，报名的时候是爸爸妈妈一起带着他，周末上课大部分都是爸爸妈妈轮流带小武来上课。初上课的时候，小武有些怕生，但随着和老师和小伙伴逐渐熟悉，小家伙也开始开朗活泼起来。但突然有段时间，老师和我说“小武最近开始哭闹着不进教室，小朋友找他玩他也一概排斥。如果小朋友继续示好，小武一巴掌打过去。这是之前没有的。不知道发生了什么？”（宝宝突然的行为变化一般都与家庭的一些变故有关）

周六一早来到早教中心，就看到小武爸爸呆呆地坐在门口的等候区，身边还放着两大袋子的玩具和零食。

“小武爸爸，小武下午上课，你怎么这么早就来啦？”我无意间问了一句。“哦，是吗？改成下午上课啦？”爸爸淡淡地回了我一句。

凭借职业的嗅觉结合最近小武的变化，我知道这其中一定有问题。于是我邀请爸爸到办公室坐坐随便聊聊。由于之前小

武到早教中心来试听就是我接待的，所以和这个家庭都比较熟悉。随便寒暄了几句，我就开始和爸爸聊起小武最近的变化。“最近家里有什么变化吗？还是小武最近发生了一些什么事情？”我知道如果我想帮助孩子必须从家庭入手。爸爸沉默了，几分钟后，开始告诉我事情的来龙去脉。“Linda老师，我和小武他妈妈离婚了，孩子归她，我们最后闹得不是很愉快。之前打也打了，闹也闹了，本想为了孩子都忍一忍，但的确不合适。我们上个月初办的离婚，到现在我老婆他们一家都不让我见儿子。之前家门口去过，我岳父岳母看到我就带着孩子躲开，孩子虽然哭着要我，但他们嘴里骂着我然后硬生生地把孩子抱走。我知道和老人没得说，也不想看到我儿子这么难过。所以还是希望能和小武他妈妈聊聊，最近实在想儿子，所以今天过来看看。我以为小武还是上午上课，没想到要下午，哎！”说着说着爸爸眼圈有点泛红。我知道此刻再多的劝说都是多余的，只有等到小武妈妈来了才能真正解决问题，也才能真正帮助到小武。

后来小武爸爸就这样一直坐在门外等，老师们都劝小武爸爸说小武到了会打电话给他，他可以下午再过来。但小武爸爸只是坚持在等，我知道他怕错过与孩子相处的每一分钟。而下午这父子相聚的那一刻，每每让我想起来都五味杂陈。

下午三点多，小朋友们陆续和爸爸妈妈来上课了，小武拉着妈妈的手走到前台签到。

“小武，你看谁来啦？”我的声音有些激动。我本以为此刻的场景应该是孩子奔向爸爸然后父子相拥的温馨场面。没想到，小武本来激动兴奋的表情却瞬间消失，他抬头看了看妈妈。

妈妈脸色凝重，毫无表情。气氛瞬间凝固了，孩子被夹在父母中间，他在等妈妈的允许去飞奔到爸爸的身边。还有比这更让孩子为难的吗？他只是一个三岁不到的孩子呀！大人们的恩恩怨怨怎么可以让孩子来承担？这两个大人有想过孩子的感受吗？我知道我此刻必须要冷静，于是深呼吸，一边打趣，一边把小武顺手推到了爸爸身边。那一刻，小家伙脸上露出的微笑让我终生难忘。他把小手轻轻地放在爸爸的脸颊上，轻声地喊了声："爸爸！"那个下午，小武恢复了"正常"。正常进入教室上课，正常和小朋友互动，正常和爸爸嬉笑打闹，消失很久的笑容重新回到了小家伙脸上…… 快乐的时光很快就过去了，爸爸要走的时候，小武紧紧拉着爸爸的脖子不愿意放手。妈妈只淡淡地说了句："我们要回家了！快点，我们要走了。"说完，小武看到妈妈的脸色，马上就把手松开。眼里充满了对爸爸的不舍，但他知道他必须要和妈妈走。而在电梯口，妈妈随口说了句："你这么喜欢你爸爸和你爸过得了！"我知道这句话是来自妈妈的失落和希望验证孩子的爱。小武沉默了一小下，然后马上调整自己和爸爸分离的情绪，摸着妈妈的脸，说了句："妈妈，我最爱你了！"

又是一个周六下午，小武的爷爷奶奶、外公外婆和爸爸妈妈都如约来到早教中心。当我们7个大人坐在一起的时候，小武开始紧张起来，不一会儿眼泪开始默默地流下来。我不得不说，孩子的敏感程度远远超出我们的想象。我示意爸爸妈妈先带着小武到外场，我需要他们的配合告诉孩子今天爷爷奶奶和外公外婆来是为什么。离异家庭的孩子总是会早熟一些，小武从办公室出来后没哭没闹就是死死地抱着妈妈。我们找到了一个舒适的区域席地而坐，我轻轻地拍着小武的后背，说："小武，今天爸爸妈妈都来早教中心开心吗？如果以后我们隔一段时间就让爸爸妈妈来陪你来，好不好？"小家伙扭头看看我。"我们今天就是叫爸爸妈妈还有爷爷奶奶外公外婆来商量以后的时间安排，谁以后会陪你来玩儿呀。"我继续告诉小武大家今天来的目的。(很多时候让孩子知道一些事实远比隐瞒和躲避更让孩子感到安全)。"现在你要不要先和小米老师玩一会儿，Linda老师要和爸爸妈妈还有外公外婆爷爷奶奶聊聊，你觉得可以吗？"我尝试着征求小武的同意。小武看看已经向他张开双臂的小米老师，顺势就跟了过去。

走进办公室，屋里的气氛格外凝重，六个大人闷闷不响。爸爸先开了口："岳父岳母，我知道很多事情之前是我做得不够好。但孩子是无辜的，我呢的确想孩子，孩子也不能没有爸爸，每个周末我能不能带孩子出来玩儿一天？"话音刚落，外婆就开始哭闹起来。之前有和爸爸沟通过，由于当时离婚是爸爸坚持的，外公外婆和妈妈难免都会有很多怨气，所以当时预测到外公外婆需要情绪爆发一次，原则就是爸爸做好爷爷奶奶工作，准备好半小时的沉默时间。大概半个小时过去，外婆和外公的狂风暴雨过去了，又沉默了大概三分钟，我知道这沉默背后是接受事实和思考。随后，大家可以心平气和地聊聊怎么帮助孩子面对父母的离异并顺利地度过这段日子……

孩子从小的安全感来自父母关系的稳定性，这种稳定除了是家庭关系上的稳定更是夫妻高质量的互动。家庭破碎，父母离异，会让孩子不安全感和被遗弃感格外强烈。这也就是为什么我们通常会说离异家庭的孩子比较敏感而且早熟的原因。因此父母在经过深思熟虑的考量后，决定分开，就必须放下自身的情绪甚至不满，冷静地配合彼此帮助孩子顺利过渡好这段艰难的日子。

离婚，孩子的感受是什么？

- **不安**：由于孩子还处在生活上需要被照顾的年龄，当父母关系变化，其本能的第一反应是自身的生理需求或是心理需求是否还会得到满足，不安全感增加。
- **为难**：在离婚的过程中，有些父母为了争抢孩子的抚养权，也为了弥补婚姻失败带来的挫败感，于是会不停地在孩子面前探测，"如果爸爸妈妈不在一起了，宝宝你要跟谁呀？"或者"以后宝宝都跟着妈妈好不好呀？"这种直接或间接暗示孩子选择的方式对孩子来讲都是非常困难的。孩子的体内流淌的是来自父母双方的血液，天性中他们爱自己的父母，割舍其中任何一部分都是非常困难和痛苦的抉择。
- **被遗弃感**：在离婚的过程中，有的父母为孩子后续抚养的相关经济条件争执不下，甚至推让抚养权。还有的该来探望孩子却从来不出现或者延迟，这让孩子深深地感觉自己是多余的和被遗弃的，这对今后孩子的人格发展有着非常不良的影响。

❖ **内疚感：**面对父母的争吵和分离，孩子心中想要撮合父母在一起，改变父母分开的现实，但事实无法改变让孩子充满了无力感，甚至会将父母的离异归结为自己的原因。“是因为自己做得不够好爸爸妈妈才吵架吗？”“是因为我不好，爸爸才不要我的吗？”等等负面的想法会一直在小脑袋里面盘旋，很多孩子这个阶段会出现做噩梦、夜晚惊醒的情况。

离婚，父母要让孩子明白什么？

❖ **爸爸妈妈还是一如往昔地爱你**

虽然爸爸妈妈不在一起了，但是爸爸妈妈都是非常爱你的。与此同时让孩子非常明确知道与父母相聚的规律时间。例如：周一到周五是和妈妈一起，周末爸爸来接；当告知孩子后，家长切记一定不要随意更改，信守给孩子的承诺，否则，爱就变成了空谈。

❖ **爸爸妈妈分开不是因为你做错了什么**

用通俗易懂的话让孩子明白爸爸妈妈分开是因为爸爸妈妈的原因，不是因为孩子，孩子做得都很好，大大降低孩子的内疚感。

❖ **爸爸妈妈分开但我们很尊重对方**

很多父母在离婚后，开始在孩子面前斥责和谩骂对方，将婚姻失败的所有原因都归结到对方的身上。希望孩子同情自己并与另一方划清界限。我每次面对这样的父母，首先让他们明白的是必须认知自己在婚姻中的过失。然后就是让家长了解让孩子排斥父母其中一方所带来的不良后果，特别是对宝宝长大后建立亲密关系的恶劣影响。所以为了孩子的幸福，父母一定要彼此尊重。

❖ **爸爸妈妈分开后你生活的变化（年龄大小决定细节多少）**

家庭的变故一定会带来孩子的生活变化，比如居住环境、就学环境以及照料者。面对新环境或是新的带教人，家长应该尽量多花一些时间陪伴孩子一起适应。否则孩子这个阶段容易出现因缺乏安全感而变得性格孤僻或是行为暴力的现象。

离婚，照料父母要注意什么？

❖ **父母调节自身情绪**

但凡婚姻有挽回的余地，谁都不愿意走到这个地步。但如果不得已已经走到这一步，如何尽量少地减轻离婚对孩子的伤害，是父母必须成熟冷静地面对并解决的问题。刚刚离婚后的情绪低落又加上独自带孩子的身心的双重压力，总是会让单亲父母出现情绪失控的情况。但尽可能地在孩子面保持情绪的平稳是极其重要的。

❖ **接受孩子的负面情绪（愤怒、焦虑、轻度抑郁）**

面对生活的变化，孩子也会出现不同程度的不适应。之前带教的环境、人、生活习惯，变化越少，孩子越容易调整。变化越多，新环境带来的不适应会加剧孩子焦虑和愤怒的情绪，面对这个阶段孩子的“异常”行为变化，家长要有耐心，充分地接受孩子的情绪和情感变化，帮助他们认识自己的情绪，并且找到适合的方式方法释放情绪。

❖ 孩子谈及前任时父母表示接受

孩子想念不生活在一起的另一方是非常正常的。面对孩子这样正常的表达，在一起生活的一方家长需要学习坦然面对。对方是孩子的父亲或母亲的事实不容改变，面对事实只有接纳并勇敢面对。

根据以上三大部分，我为小武家庭一一做了解释。四位老人和两位父母都不同程度地意识到自己在过去这段日子的一些言行举止对孩子的伤害。首先大家在思想观念上能够达成一致，那么后续教育方案的建立就会容易很多并且成效也会大大提升。

1. 与父母见面安排

固定每个周六晚上爸爸来接小武，周日晚饭后将小武送回。如遇到特殊情况爸爸无法来接小武需要提前至少一周和小武沟通并明确告知孩子自己的去向。那一周如果条件允许小武可以通过打电话或者视频的方式与爸爸互动。

2. 作息安排的一致性

为了保持小武生活的规律，统一作息时间安排，并且一式两份发给双方家庭。

3. 行为规范统一

小武的年龄也处在叛逆期，这个阶段是孩子学习情绪表达和行为规范非常重要的阶段。因此对于一些探测挑衅的行为，要有统一的应对标准。离异家庭中，成人会从心底觉得孩子可怜，有的时候就容易出现睁一眼闭一眼的情况；或者就是生怕孩子不喜欢自己所以不敢管教，因此过程中能够保持沟通顺畅是必需的。

4. 父母联络本

之前在加拿大工作的时候，就看到每个周末父母在交接孩子的时候会给对方一个小本子，上面有孩子近期的变化和希望对方家庭带教中要注意的问题，便于不经常照顾孩子一方更好地了解孩子。

1个月后，再次在早教中心看到小武和爸爸，爸爸的反馈是"和刚离婚那段日子比较，小武最近开朗了些，脸上的笑容也多了。老师也说小武的情绪比较稳定了。"

离婚是成人的决定，在让孩子面对一个破碎家庭的时候，请保护好孩子容易破碎的心！

妈妈，别送我去精神卫生中心

宝宝：柔柔　45个月　女孩

参加家庭指导的带教者：爸爸、妈妈

午后，打开我的公众微信查阅家长的留言。猛然看到一行字“我带我女儿去了精神卫生中心”，这一排字瞬间吸引了我的注意。“Linda老师，我是柔柔的妈妈，之前我们在园区听过您的讲座，不知道您是否还记得我们。柔柔最近夜里睡眠很差，每晚都要醒来两三次，醒来以后都可以哭叫一两个小时，那种哭闹是非常强烈的。已经持续很长时间了，病急乱投医我们带孩子去了精神卫生中心，医生诊断是‘夜惊症’并开了一些药物。看着这些药物我纠结了很长时间，没有给孩子吃。这些天虽然有一些缓解，但是整体还不见好。所以我和她爸爸在万般无奈的情况下想到了您，是否可以尽快和您见个面？”

看了这段文字，我想起了柔柔。柔柔是我两年前在园区接待的一个小女孩，第一次见到这个小女孩，她有点害羞怕生。柔柔爸妈都是70后，在企业任要职，由于三十几岁才有了柔柔所以格外宝贝。柔柔爸妈当时想让孩子参加早教课程的主要原因，是希望她在和小朋友互动上有提升。刚开始来早教中心的柔柔对周围的环境都相对比较警惕，周边老师和小朋友示好都让她感觉不自在。但随着对环境和老师的熟悉，柔柔越来越活泼大胆，甚至有点女汉子的作风，爸妈也为她的进步感到开心。

这小家伙后来表现一直都很平稳，怎么会突然要去精神卫生中心了？这让我不由得开始担心起来。于是很快和柔柔父母联系，约了时间见面。

再见柔柔妈妈是一个阳光明媚的午后，走进中心一家三口正在活动场所玩耍。柔柔较之跟我第一次见面时开朗了很多，几分钟互动下来就开始在攀爬架上喊我并且给我展示空手走，这让我无法将眼前的她和妈妈信中描写的柔柔联系在一起。转身看看柔柔的父母，却看到柔柔妈妈变化很大，疲惫、焦虑和彷徨都写在她的脸上。我们开始寒暄起来，问问这段时间孩子的变化和大家的工作。在面谈之前我和柔柔妈妈有通过电话，基本了解了孩子目前的情况，基本上就是晚上入睡困难，睡眠中如果醒来就会一直哭闹一两个小时不停止，孩子自己白天也很疲惫，而长久下来双职工的父母体力也有点扛不住了。

面对孩子这样的哭闹，家长也都没有办法理解。而去医院，医生只是从症状上来推论是“夜惊症”，照方抓药。但是药方中很多的安定成分让妈妈担忧，如果药物产生依赖怎么办，真的是病了吗？从早教的咨询角度，我更关注孩子是否是因某些心理变化而造成生理上的不适呢？

于是我让妈妈和爸爸回去尽量回忆第一次发生夜间惊醒

哭闹的时间，那段时间是否有什么变化。以及后来几个月孩子哭闹的强度、频率和周边事件。这样做的主要原因在于，学龄前儿童相对所处的环境和接触的人群比较简单，一旦行为上有巨大的变化，多半是家庭带教环境出现了变化。柔柔的父母对孩子的早期教育都十分关注，而且具备一定的早教育儿知识，这为我们后续的沟通和寻找答案带来了很大的方便。

妈妈拿出她的笔记本一一和我说来。这其中有三件事情引起了我的重视：

第一：去年柔柔第一次上幼儿园

柔柔的第一次夜间惊醒和哭闹是在去年的9月份，那个时候柔柔刚开始进入幼儿园。在初上幼儿园的第一周柔柔并没有哭闹，妈妈很开心，以为之前做了一个多月的思想动员起了作用。不曾想一周之后每天早上柔柔都开始哭闹并且不停地和爸爸妈妈说“能不去幼儿园吗？”父母知道坚持的重要性，于是都一直鼓励女儿积极参与。但在入园一个月后柔柔开始生病，于是幼儿园就减到半天。但老师和家长都清楚半天的幼儿园生活会让柔柔少很多参加集体活动及和小朋友互动交流的时间，于是爸爸妈妈只能硬着头皮继续将孩子送去。可想而知柔柔当时情绪上的巨大反差。

第二：去年爷爷奶奶第一次搬家离开柔柔

家里一直都是2-2-1的隔代教育模式，再加上爷爷奶奶快70岁了才有了孙女，疼爱的程度可想而知。在这样的情况下，柔柔养成了任性、霸道等较为普遍的公主病。爸爸妈妈一直都知道是因为家庭教育观念不统一，老人过度宠爱的原因，所以很早就有过打算和老人分开生活。在上幼儿园之初，由于老师也有反馈柔柔在幼儿园的一些霸道表现，所以这加速了父母的决定。就在入园的最初几周，也就是柔柔入园最焦虑的初期，爷爷奶奶在柔柔出生后第一次搬离了父母家。由于一直以来，柔柔晚上都是和老人睡的，爷爷奶奶走后，孩子晚上入睡后就开始反复醒来，总是会起床跑到爷爷奶奶房间找爷爷奶奶。现在想想那个时候的柔柔一定是焦虑和伤心到了极点。

第三：去年柔柔的小枕巾不见了

很多家长都提到说当宝宝开始学习独立睡觉的时候，他们总会手里要拿着小毛巾、毛绒玩具或是妈妈的一条围巾等等。很多家长对这样的情况不解，觉得大热天睡觉脖子上要围着围巾，把围巾拿走马上就哭闹不止，这到底是为什么。其实这些物品对于孩子来说是在独立过程中，安抚自我情绪的物品。随着宝宝逐渐长大，他们的情绪调节能力和安全感会逐渐增加，这些随身小物品也不再需要，而这个过程最好是循序渐进的。

柔柔之前有一块跟随她三年的小枕巾，每天午睡和晚上入睡，她一定要拿着这块毛巾才能入睡。这块毛巾用了很久，很多次爸爸妈妈都想悄悄地把它扔掉，但试了很多次都没有成功。入园一个月刚好赶上国庆假期，在外旅行返程途中，柔柔不小心把枕巾搞丢了。爸爸妈妈一想，刚好可以趁机就把这个“毛病”改掉，让她自己好好睡觉。

当我将这三件事情提出来的时候，爸爸妈妈忽然间明白了孩子哭闹的真正原因。入托入园对于孩子来讲其实是进入社会的第一步，小小的他们第一次离开家人和家里熟悉的环境，这个时候的宝宝是处在非常焦虑的阶段。与父母的分离和在新环境中的人员、饮食习惯还有社交关系遭遇的挫折感，都让孩子倍感焦虑。而柔柔在这样的压力下，同时面临了主要带教人爷爷奶奶的分离，还有帮助入眠的安抚小枕巾意外不见了。三重压力下，孩子的情绪极度焦虑，而情绪焦虑的外部表现就是睡眠的不稳定。

当通过事实分析，能够逐步理出孩子出现异常行为变化的基本原因后，就要思考后续如何解决问题，在这个过程中执行解决方案的父母或是其他带教人的心态就显得格外重要，这其中包括以下三点：带教人对孩子出现问题的看法、带教人准备解决问题的心态以及带教人自身的情绪状况。

1. 带教人对孩子出现问题的看法

这个可以说是孩子在出现各类问题后，真正解决问题的关键所在。家长觉得目前出现的问题是一定要解决吗？是全家都觉得一定要解决吗？如果在这个观点上，家长的观点是“好像也没这么严重，要么再等等”或是“或许长大就好了”，如果是这样的观点，那么当教育方案在执行中出现冲突、困难以及障碍的时候，家长本身决心不足，就会自然出现退缩和放弃的想法，问题就无法解决。另一点“是否全家都觉得这个问题是需要解决”，这是隔代教育的主要矛盾点，需要一致和持续才能有效解决问题。

2. 带教人准备解决问题的心态

在全体带教人达成一致后，就是解决问题过程中，对于有可能出现的冲突、问题加重和时间周期的不确定性，所有人是否有充分的准备。孩子在成长中出现的一些行为问题、社交问题以及性格问题，一定不是一日形成，所以很多时候需要一个相对比较漫长的周期来完成，那么带教人是否做好了长期抗战的准备。

3. 带教人自身的情绪调整

带好孩子是对体力和脑力都要求极高的工作。但因为作为家庭中流砥柱的父母，需要管理好自己的工作、照顾好父母、带好孩子，这的确在很多时候是对爸爸妈妈脑力和体力的极大挑战。很多父母也都和我说“老师，我在外边忙了一天，真是想孩子。回去也想多陪孩子玩玩，但是很多时候孩子自己情绪不好，搞得我耐心三分钟就没有了，每次总是小的哭，大的烦，这怎么办呀？”所以，作为成年人的我们，很多时候面对各种压力的时候，调整好自己的情绪，才能创造更加和谐的家庭氛围。

对于柔柔一家来说，第一第二点都不是问题，爸爸妈妈的教育理念和教育心态都还是非常好的，让我比较担心的就是妈妈目前的状态。见面的时候，就觉得柔柔妈妈看起来很疲惫。后来得知，一方面是自身工作非常忙，另一方面就是柔柔这段时间晚上不睡觉，她妈妈也休息不好。因此情绪也非常容易急躁。我记得我当时和她妈妈说“通过我们刚刚和柔柔互动，还有对晚上不睡觉的原因分析，我倒是不太担心孩子。反而是你现在的状态，让我有些担心。你需要好好休息一下，然后调整调整。”话音刚落，妈妈的眼泪就流了下来，这里面有很多的委屈和心酸。妈妈说：“的确是，近期上班压力很大都基本没休息。晚上回家也休息不好，半夜有的时候还要起来哄柔柔。自己都感觉没有耐心做得不好，幸好有她爸爸的支持。现在晚上都是她爸爸哄孩子，她爸爸让我休息，其实他每天上班也很累……”说到这边，夫妻相视，爸爸的眼眶也红了。我知道这一刻，这对筋疲力尽的夫妻首先要做回自己，给自己充充电，才有能力提供给孩子更多的支持。

和柔柔爸爸妈妈沟通后，整个教育方案制定包括两方面：

第一：父母的情绪调整

目前的状况上来看，妈妈的情绪需要尽快调整，首先要做的就是充分的休息和心情的放松。所以我的建议是如果可以这段时间先申请1～2周的年假，先让自己的身体从疲劳期中调整出来，身心是无法分开的，身体状况的好转也会同时带动心情的变化。另一方面就是精神的放松，现在老人都还能帮助些，所以每天下班后，爸爸妈妈可以先不急着回家，因为一到家孩子自然需要父母的全部关注，那么夫妻两个人互相倾诉和沟通的机会和时间几乎就没有了。所以每天下班时，夫妻可以约定一起在小区附近碰面，然后散散步聊聊天，让情绪疏散一些，给彼此情感上的支持。第三个方面就是周末在柔柔去爷爷奶奶家的时候，夫妻两个人可以回归一下二人世界，出去逛逛看看电影，又或是各自都做些自己想做的事情，好好和自己相处一下。这些都对于让父母从疲惫期中调整出来有着重要的作用。

第二：柔柔的教育方案

在整个咨询过程中，爸爸妈妈还提到了关于柔柔脾气比较急躁，老人比较溺爱的问题，但目前来看，我们首先要解决的是孩子睡觉的问题，等孩子进入平稳期，情绪稳定下来，才能解决其他带教问题。解决方案如下：

1. 作息时间安排

由于目前柔柔已经上了幼儿园，相对来讲作息时间安排比较稳定。为了能够更快地将晚上作息调整好，要求父母周末也要基本按照幼儿园作息执行，即“三餐两点一午睡两户外”，特别要强调的是午睡时间不超过3点钟，晚上8点半开始入睡准备，9点上床进行睡前亲子互动。

2. 重回大床睡

爸爸之前提醒过，柔柔在爷爷奶奶家晚上睡觉比较安稳，我当时追问下去，爸爸说是和爷爷奶奶一起睡的，也就是不分床。在同一个床上，可以大大提升孩子的安全感，从而起到了情绪安抚的作用。但爸爸妈妈纠结的是，之前分床睡花了好长时间才搞定。这下如果又让柔柔回到大床上睡觉，不就前功尽弃了。但现在先让孩子能够稳定情绪安定睡觉的重要性远远高于分床睡，所以短期之内安抚柔柔的情绪，待稳定下来后，再重新落实分床睡也是可以的。

3. 睡前亲子互动

静态稳定温馨的亲子互动可以帮助孩子调整情绪，顺利进入睡眠。所以每天在柔柔洗漱完毕，爸爸妈妈都可以一起和柔柔进行亲子阅读、睡前歌曲、睡前小互动等各类静态活动，帮助柔柔做好情绪调整，使其情绪逐渐平稳下来为入睡做准备。在这个过程中，基本架构由父母来搭建，具体的内容前后顺序可以让孩子自己选择，一般活动时间在三十分钟左右。关灯后，根据孩子的情况，家长可以选择是否需要陪伴孩子一段时间再离开。以柔柔的情况，我建议爸爸妈妈在关灯后，不做交谈陪伴柔柔十分钟左右。

4. 夜晚哭闹时的应对策略

任何教育方案的调整起作用都需要一个时间周期，所以在初期还是要让父母知道一些基本的处理和应对方式。这就好比教育方案是中药药方，可以从根本帮助家庭解决孩子成长的各类问题，而当下的应对方式其实就是西药，可以短期内帮助家长解决孩子的各类行为症状问题。因此面对柔柔半夜惊醒，爸爸妈妈还是需要一些基本的应对方法。孩子半夜醒来的哭闹对于家长来说是体力和精神上极大的挑战，这个时候家长需要有足够的耐心和稳定的情绪才能安抚孩子。以目前柔柔家庭的情况，我们初步安排爸爸在夜间对柔柔进行情绪的安抚。当柔柔晚上起床哭闹的时候，爸爸首先要做的第一步是先不要抱起孩子，只是轻拍安抚柔柔，并时刻通过哭声强度来确定这种安抚方式是否起作用。如果爸爸的安抚起作用，柔柔感受到了安全那么哭闹强度就会逐渐减弱，然后会调节自身情绪然后再次入睡。如果轻拍安抚没有办法帮助柔柔，这个时候爸爸可以背靠床，然后把柔柔抱起，让孩子趴在爸爸身上，同时此刻还是不要开灯不要讲话只要轻拍后背安抚即可。除非之前有些孩子已经养成了非常不好的入睡习惯，例如需要抱起走动、背起走动等，大部分的孩子在这个阶段即可得到满足，从而再次入睡。

基本的教育方案制定好了，柔柔的爸爸妈妈心里也比较有数了。之前的焦虑心情得到了放松。后续一个月，在和柔柔妈妈互动中，得知柔柔晚上睡觉的情况有了很大的改善。从妈妈的朋友圈，也开始看到柔柔和妈妈一起为《秘密花园》涂色、全家一起去泰国旅游的温馨画面。全家人都开始进入了一个充满电力，快乐生活的状态……

我会一直支持我太太

宝宝：笑笑　40个月

参加家庭指导的带教者：爸爸妈妈、爷爷奶奶

我和笑笑一家在两个月前有过一面之交，当时中心的园长和我讲述过这个孩子的情况，说是孩子目前被儿童医院诊断为自闭症边缘，妈妈非常着急，最近正打算辞职以便全职带宝宝。奶奶很强势，有自己对笑笑的要求，有的时候会和妈妈发生一些冲突。由于当时只是临时碰到就做了基本的沟通，在和我说到笑笑情况的时候妈妈眼含热泪，同时对自己一直以来没有把更多的时间和精力放到孩子身上感到后悔。透过教室的窗户我看到爸爸在努力地引导笑笑和其他小朋友互动，但笑笑总是会四处观望或者开始哭闹要离开其他小朋友。每次看到这样的家长，我想极力帮助他们的同时，心里又在暗暗地叹息“为什么不早一些来参与孩子的成长”。于是我们约定后续单独做一次家庭一对一咨询。两个月后的周五，笑笑一家如约而至。这次除了爸爸妈妈和笑笑，爷爷奶奶也一并参加。

家庭咨询中一般第一步都是和家长了解需要解决的主要问题和孩子的基本情况，当我要走近笑笑妈妈和她说话的时候。笑笑在看着我，并露出了天真的微笑，这个笑容瞬间打动了

我，让我忘记了常规的工作流程开始和他互动起来。因为对于已经被医生诊断为“自闭边缘”的孩子来讲，每一次社交互动的积极反馈对他们来说都是继续前进的原动力。所以笑笑笑的时候我就开始和他笑并和他讲话；当他能够从滑梯自己滑下去回头看我的时候，我知道他要的是肯定和鼓励，我就给他掌声，笑容也更加绽放；俏皮的笑笑躲在妈妈背后，我开始和他捉迷藏，那欢快的笑声几乎让我忘记了这是个被医生诊断为自闭边缘的孩子。看着眼前这个黑黑爱笑的孩子，我心里有些酸楚。是什么让这个孩子走到被诊断为自闭症边缘和被幼儿园拒收的境地呢？带着这些问题，我开始进入常规的家庭咨询流程。

爸爸带着笑笑到外场游乐区玩耍，我开始和妈妈、奶奶、爷爷了解笑笑的基本情况。每一个孩子阶段性发展滞后或者出现行为问题，除去生理发展问题，多半是由长年的无序带教环境和带教人错误带教方式造成的。而这也是我在做咨询和解决家长问题中一直坚持的，追溯过去的发展过程，找到根结点然后从根本性解决，随后再提供适合家庭和孩子的教育方案。这个过程更像中医，需要望闻问切然后慢慢调理，但后期的效果会比较持久和稳固。

笑笑的家庭关系

笑笑的家庭组成主要是爸爸妈妈和爷爷奶奶，在笑笑5个月之前一直都是妈妈全职带他，妈妈产假休完回去上班了。后来就是白天奶奶和爷爷带，晚上和周末爸爸妈妈参与比较多。奶奶说笑笑小的时候，由于自己年龄大了身体不太好，所以笑笑很多时候都是自己躺在婴儿床里，很少有机会去抱他。后来大了点，就感觉这孩子胆子小，不和人接触，见了人就躲，走路也晚说话也晚。奶奶说话语速很快振振有词："老师，我告诉你我家老头儿就这样不喜欢和人打交道，到人多地方就躲起来，就是随他。还有我们来这儿，就是要老师多关注我们，多给我们抱抱和说说话。"一旁听到这话的爷爷，冲我摇摇头，什么都不讲背着手离开了。几分钟的互动，我已经大致对爷爷奶奶的关系和可能存在的隔代教育冲突有了基本了解，于是转过头来看向妈妈。妈妈看上去有些无奈，把我拉到一边。"老师，我和我婆婆现在没办法沟通了。她对待孩子的方法都是批判的方式。不，不仅仅是孩子，是全家人，对我公公，对我老公。前两天我在陪儿子上课，我知道我们现在已经比其他小朋友落后了，只要笑笑和自己以前比能进步我就很开心了。上课的时候孩子就是比其他小朋友动作慢了点，我婆婆就冲进教室，当着所有老师和家长的面说笑笑怎么这么慢，怎么都跟不上。孩子当时就害怕了直接躲在我背后。我当时也没有控制住情绪就告诉她以后再也不让她来早教中心。但我知道在家总是没有办法避免的，可是我现在真是骨子里面很排斥我婆婆带孩子。所以我和我老公商量接下来我全职自己带。"妈妈的这番话和我预期差不多，但奶奶比我想象还要强势一些。

隔代教育中，老人的参与度有三种方式。第一种强势参与，观点就是你们不懂带孩子，我来；要么就是我说什么你们来做。第二种不参与，孩子是你们自己的，我们老了偶尔来看看可以，但你们要自己带。第三种配合参与，孩子终归有一天要你们自己带，我们就是过来搭个手，爹妈要怎么带我们老人配合就好。

关于第一种强势参与，还会出现三种情况。小夫妻两个人虽然嘴上在说自己要带，但行动没有，生活还是完全依靠老人，所以老人也是被依赖而不得不强势。第二种小夫妻从小就在一路都安排好的情况下长大，自己没什么主意和想法，很多时候自己还是个孩子，所以老人更是不放心一个大孩子带一个小孩子，小夫妻也没什么意愿要参与，所以老人就理所应当地成为孩子情感意义上的妈妈。而孩子的情感错位也多产生在这样的家庭中，前文《外婆才是妈妈》的案例即是如此。第三种小夫妻本身有很强的自己参与宝宝成长的需求，但老人坚守自己的观念，看起来是不放心子女带孩子更深层次是内心有相对较强的控制欲又或是老年生活需要一个中心来体现价值的深层需要，于是这一批老人在孩子的教养中，频繁与子女发生冲突。

从笑笑家庭的状况看，父母和老人的互动模式应该是在第一种和第三种的结合。从某种意义上来讲，老人能改变的可能性非常小，因为性格的形成已经是70年的时间了，所以目前能做的就是尽量减少冲突，在过程中弱化奶奶的教育参与程度，同时强化父母的参与程度。

对早教中心的期待

笑笑来上早教的初衷主要是幼儿园面试，在面试结束后，老师说了句“妈妈，我说这话你别不高兴，我们不能接收您的儿子，因为他可能有自闭症，您还是带孩子去医院看一看比较放心。”“自闭症”这三个字对于任何一个家庭来说无疑都是很大的打击。于是父母带着孩子到儿童医院进行咨询，医生给出的答复是“自闭症边缘”。了解了来龙去脉，我和家长一起回顾了一下笑笑的成长发展过程。

（1）大动作：10个月会坐、13个月会爬、2岁走路。

（2）语言：2岁开始爸爸妈妈奶奶称呼，3岁3个月状态差不多，医院诊断语言发展只有15个月。

（3）社交：家长反映一直都是比较胆小，外出不愿与人互动。

进入早教中心两个月的互动中，家长认为变化不少，开始有大量的眼神互动、微笑，对于周边小朋友的叫嚷由之前的哭闹不适应到开始能够接受，但如果其他小朋友过于热情要求拥抱会排斥。语言开始能够用一个字表达：虎（巧虎）、妙（妙妙老师）、鼓（小鼓）并且在表达的过程中有眼神交流和互动。

在这些所有的变化中，家长认为笑笑最可喜的变化是讲话。而我知道这其中最为关键的其实是孩子眼神的交流。自闭症的孩子有几个核心的行为：眼神没有交流、语言滞后、刻板行为（重复教条地做一件事情）、发展初期大动作滞后等等。很多家长最初都比较关注语言滞后问题，干预的初期就是由原来很少和孩子讲话到开始大量地和孩子用语言交流，这非常好。但语言绝不是只是讲话，而是一个互动交流的过程。这其中包括讲、听对方讲，然后反馈。互动过程中眼神交流是前提。而对于自闭症的孩子，因为没有眼神交流，就缺少了很多社交互动，又因为没有社交互动，也就对社交互动的媒体工具语言缺乏吸收和运用的机会。所以孩子的发展出现问题绝不是一个单线和单点的问题，很多时候都是环环相扣的。有了一方面的改善，很多时候其他方面也会得到相应的改善。所以笑笑在两个月的早教学习中，社交圈扩宽、周边人员引导方式的改变、父母的积极参与和陪伴都让笑笑开始对这个世界产生了极大的好奇，开始有兴趣和动力去认识周边的人和事物，这无疑是一个非常棒的转变。

虽然家长对于笑笑两个月的变化感到非常欣喜，但如果要获得持续的进步，并且让笑笑能够基本发展与同龄人持平，还是需要后续全家人更加积极和努力的参与。而从前后两个月的变化，笑笑的成长过程以及和主要照料者的互动来看，父母能够比较清晰地看到这其中带教方式方法出现了问题需要紧急调整。于是我们开始进入咨询的第二步，通过观察来了解家长的互动方式。

看家庭互动

早教中心的外场，爷爷奶奶爸爸妈妈围坐成一个圈，笑笑很开心地抱着妈妈。爸爸开始用球引导笑笑，刚开始笑笑可以听指令去拿球和丢球，过了一会儿就开始撒泼和发脾气。奶奶看到这场面就有些坐不住了，回头和我说“我以前带四个也没这么累，我们小时候忙了就扔在一边儿上也不用管。这个小时候，我都还陪他玩儿，但就是慢，就是不和人打交道。还有就是他爷爷，他爷爷就是哪里人少去哪里。”奶奶焦急又带有批判性的语气让爷爷有些不开心了，爷爷起身走远并回头和我说：“老师听听得了，没完没了。”几次这样的简短互动中，可以看出老两口的性格和互动方式，这在笑笑的带教过程中也一定会有影响。

笑笑在玩耍过程中，基本没有用到语言互动，多半是通过肢体和情绪来影响周边人。差不多快11点的时候，他开始发脾气，家里人猜测了很久才意识到有可能是饿了，于是拿出准备好的香蕉，笑笑看到香蕉的瞬间破涕为笑。我示范妈妈怎么引导笑笑听指令“坐”、“等一下”、“剥香蕉”。几次引导后，笑笑可以完全做得到，这让全家很欣喜。在整个互动观察中，经常可以看到奶奶和妈妈教育观念的冲突，也看到爷爷的无奈，更看到爸爸的积极主动。面对这样的家庭带教结构和状况，父母的教育观念和对现实的接受程度直接影响后续的教育方案落实，而爸爸是婆媳关系和整个家庭关系中至关重要的角色，所以我决定先和爸爸聊聊。

来到咨询室，我阐述了为什么要先和爸爸沟通的原因，主要是婆媳现在关系非常紧张，另外从奶奶和爷爷的互动方式来看，爷爷已经不愿意再和奶奶沟通，而强势的奶奶目前也还没有意识到自身的问题。而连接这三个人的唯一纽带，也是接下来的沟通渠道就只有爸爸一个人，他的态度对夫妻、母子、父子关系的协调以及对后续笑笑的教育方案落实有着最关键的作用。

“老师，我太太是上海人，独生子女，从小家庭相对民主开放。我家兄弟姐妹比较多，我们小时候就像我妈说的也没怎么管就长这么大了。老太太的性格是比较强势的，和我爸也是吵吵闹闹一辈子，他们是不可能改变的，所以只有我们来调整。首先刚刚提到的关于我太太压力很大这件事情，我是能够感觉到的。从我这方面我会全力支持我太太。另一方面，其实我爸还是挺支持我们的，我爸这个人话少，但其实家里很多事情都是他来做。目前的情况我们就是尽量安排老两口出去旅游，然后平时也安排他们一些活动，这样我妈就不会把注意力都放在孩子和我们身上，我们也能有更多的时间自己带孩子。这两个月下来也都是这么操作的，我目前感觉孩子是有进步的。我自己工作时间相对比较弹性，我太太目前也把工作时间做了调整，所以每周平时大概有三天时间我们是完全可以自己带孩子的。”爸爸一口气讲了很多。听完笑笑爸爸说的话，我心里开始有了点底，至少在参与度上和配合度上这夫妻两个都没有任何问题。爸爸对自己目前在家庭的角色定位和分析都非常清楚，因此教育方案的落实也就有了很大的保障。

教育方案制定

第一步：一日作息安排的制定

作息时间安排可以说是孩子生活的轴，这个轴安排得是否合理和内容分配是否均衡都会影响孩子的各方面发展。就笑笑目前的情况来看，需要大面积扩大笑笑的社交圈同时增加大家与笑笑的互动频率。

很多家长在来做咨询的时候我都会在第一时间问到作息时间的安排，而其中有一项就是外出活动。面对很多家长提问“老师我们每天都出去呀！怎么这孩子还是怕生或是不合群”，这个时候我都会提出对“外出活动”的定义。在孩子1岁之前，天气好的话，家里人都会带孩子出去走走。这个时候其实外出活动，更多在于透透气让孩子接触一下大自然。而当孩子1岁以后，外出活动在第一阶段的目标基础之上，更多的是要侧重扩大孩子的社交圈，帮助孩子建立社交圈，同时帮助孩子学习一些相应的社交技能，例如：轮流、等待、分享、切入游戏等等。而对于一些性格相对比较慢热的孩子来讲，由于对于环境和他人都需要一个相对较长的适应期，这个时候帮助孩子建立稳定的社交圈，示范与人互动的方式方法就显得格外重要。

经过两个月的早教互动，笑笑已经由之前哭闹排斥教室、看到小朋友就闪躲，到现在能够和老师互动、接纳身边的部分小朋友，有了比较明显的进步。那么接下来持续稳定地固化作息时间活动安排就显得格外重要。作息的基本结构：

每日三餐时间：8：00、11：30、18：00

每日两次点心：10：00、15：30

每日两次户外活动：9：00、16：00

每周三次早教互动：周三、周五、周日

睡觉时间：中午12：30～15：00，晚上21：00

看电视及手机时间：全天不超过30分钟，并需要有家人陪伴

静态活动：根据早教中心每周的活动安排回家进行延伸活动，包括静态活动、大动作以及绘本阅读等等。密切的家园互动，可以大大提升学习效果。

第二步：带教人互动模式的安排

由于目前笑笑的语言表达能力有限，刚刚开始用一个字表达自己的想法，这个时候需要小心守护。从行动上来讲，家长需要做的就是耐心和鼓励。在孩子表达的时候，所有的家长要求

在笑笑的平行视线内，所谓平行视线，一般是家长需要下蹲和孩子互动，从而确保随时的眼神交流。这样会让笑笑适应在和人交流中眼神的互动，说话要看着对方。必要的时候，家长可以把双手放在笑笑的肩膀上，以保证笑笑能够看着对方。另一方面，目前来看笑笑与同龄小朋友的语言表达能力还是有一大段差距的，而奶奶又是急脾气，所以全家都要多多帮助奶奶尽量放低对笑笑的要求，多以鼓励和表扬为主，少些批判。

第三步：入托入园的积极准备

咨询快要结束前，笑笑爸爸妈妈提到想过两个月送儿子上私立托班，主要原因是目前妈妈全职可能还有些困难，每周还要上班一两天。如果这样又要让老人来带，在老人带和去幼儿园上，父母觉得幼儿园目前的环境和互动应该可以更好地帮助笑笑。但在这点上，我还是有些担心的。即使语言社交各方面都发展较好的孩子，在入托入园都会有很多不适应，何况是目前刚刚开始讲话且还处在无法和其他小朋友社交的笑笑呢，这种由不适应带来的焦虑情绪可能会更强。如果处理不好就会出现孩子再度退缩的情况，就好像刚刚长出的小树苗经受了狂风暴雨的冲击后，需要更长的时间才能恢复。所以在这点上我给爸爸妈妈的建议是可以稍微推迟一下，至少还要半年的时间。

第四步：同期建议参与自闭儿童干预训练

无论是自闭症儿童还是自闭症边缘儿童，最好的干预期是在4岁之前。在接纳孩子目前情况的过程中，有的家长觉得“我们已经是自闭症了，那就不要上一般的早教，就去特殊教育吧”，有的家长觉得“我不想让我小朋友去特殊教育，那就证明我孩子有问题，所以我只上早教中心”。在这个问题上，我一般建议家长根据孩子的情况都需要参与。在前期孩子需要提升的地方相对比较多的时候，特殊教育方式方法能够在第一时间干预并给家长最有效的互动和引导方式。但因为孩子有一天一定是要融入社会的，所以在最初期就和其他孩子一起在早教中心学习互动，会为孩子今后融入幼儿园以及学校做好更充分的准备和铺垫。所以两者学习互动时间的分配比例需要根据孩子的情况实时调整。我接触的案例中，有成功的案例，通过早期的干预，一年后可以进入常规幼儿园入读并基本适应幼儿园的生活。关于这个建议，笑笑的父母需要时间考虑和接纳。

笑笑家庭的情况想要得到改变是需要极大的努力的，很难但却很有希望。只希望笑笑爸爸妈妈能坚持下去。

在孩子教育方案调整过程中，我一直都很欢迎家长保持实时的反馈，以便方案可进行相应调整。然而笑笑的父母却很少跟我互动，虽然后续一直来参加早教课程，父母都觉得孩子在早教中心变化很大，但3个月后，我还是听说爸爸妈妈把笑笑送到了特殊儿童之家，完全让笑笑接受全日制特殊儿童教育。听到这个消息的时候我内心有说不出的酸楚和无奈。我不知道回去这几个月，家庭中发生了什么，爸爸妈妈遇到了哪些困难，笑笑又发生了那些变化。有太多的惋惜，但也只能祝福笑笑会越来越好！

儿子，你不是我闺女

宝宝：兵兵　40个月

参加家庭指导的带教者：爸爸、妈妈

看到这个题目，一定有家长问我“老师，你把字写错了吧！怎么儿子变女儿了呀！”是呀，我有的时候也在早教中心问很多爷爷奶奶，爸爸妈妈，怎么男孩子养得这么娇气。而家长们特别是爷爷奶奶总是回答说“老师呀，家里就这一个呀！可舍不得亏待了，我们大人省点，孩子嘛，什么都给最好的。”于是在这样的教育观念下，在早教中心我看到越来越多非常秀气的男孩子，他们不喜欢大运动、不喜欢太吵、不喜欢颜料和泥巴、不喜欢和小朋友有太多肢体互动，就喜欢做非常安静的美男子！而同时，我又经常听到男孩的爸爸妈妈和我抱怨说“老师，我家儿子胆子小、社交能力差，而且不喜欢和其他男孩子一起玩儿，这可怎么办呀？”每每听到这样的问话，我是又好气又好笑。父母创设了一个养花草的温室，无风无雨，然后当有一天小树长出来了，父母却开始挑剔说“怎么长得这么柔弱，怎么一点风吹草动的就应付不来承担不起啦！”那么怎么没有问问我们自己，为什么没有在成长中逐渐让孩子经历些风雨，让躯干再强壮些，这样我们心爱的小树是不是更容易适应外面的环境吗？

兵兵一家是我很早在早教中心认识的，兵兵3岁半，带着个黑框小眼镜，说起话来稳稳当当的，非常喜欢看书，只要有书可以一天不动。所有静态类活动都是兵兵的长项，什么拼图、讲故事、算算数，小小年纪就能认识四五百个字，100以内的加减法也都不是问题。只是大运动方面一直都是兵兵的短板，由于不爱运动兵兵比同龄小朋友胖了很多，稍微动动就大喘气，而长时间地看书、玩电子类产品又影响了兵兵的视力。兵兵的爸爸妈妈找我做一对一咨询我是有些意外的，因为我通常开玩笑说"早教中心的老师是门诊，咨询老师一般问题都可以得到解决了；然后到了中心经理和教学主管这边就是专家门诊；而到我这边就是特需门诊，症状一般都比较严重了，并且需要全家总动员。"而我觉得兵兵的情况还远远不到要进行咨询的严重程度。但是爸爸妈妈通过老师约了好多次，说是很着急，有重要问题要解决。于是带着好奇心，我们约在了工作日的一个上午。

由于顺路，兵兵爸爸一家可以一起接我然后去早教中心，我们有了一段同路的时间，而这段路程中，我渐渐看到了一些问题。距离早教中心还有一段路，兵兵就开始在车里说"妈妈外边好热，太阳好大呀，我的油油呢？""油油？"我的脑子一下子也蒙了，是什么东西。于是我看到妈妈从包里面拿出防晒油，我才明白兵兵要的是这个。全身上下都被涂抹后，兵兵表示满意。接下来，孩子问的第二句话是"那我的小洋伞呢？"小洋伞？妈妈从包里面拿出小洋伞。这时候兵兵露出满意的笑容。我顺嘴问了一句"每天出来都要这么装备吗？""是的呀，防晒油、阳伞有的时候还要水壶。出去的时候太阳地方绝对不去，说是怕被晒黑。”妈妈一边说一边笑。我侧过头看看开车的爸爸，他似乎没有什么笑容。下车的时候，果然如妈妈所说兵兵强烈要求打伞，然后一溜烟就跑到大厅。

兵兵到了早教中心外场，倒是很快就和小朋友熟络起来，安排了老师陪他玩，爸爸妈妈和我有时间能够好好沟通一下。由于是比较熟悉的家长，对于家庭情况的了解就省去了，我很直接地问爸爸妈妈找我的主要原因是什么。爸爸妈妈相互看了一下，然后爸爸低声说："我们都觉得这孩子怎么越来越女性气了。Linda老师，刚刚你在车子里面也听到看到了，防晒油、小洋伞、怕晒黑，您说这哪里像个男孩？不仅这样，平时就喜欢和小女孩或者是相对比较安静的小男孩儿一起玩儿，稍微比较闹或者爱动的小男孩儿找他玩儿，他就躲得远远的。还有就是，一点点磕磕碰碰，就假哭，要贴创可贴，要他妈抱着他。对了，还有……”爸爸正要继续说的时候，兵兵哭着朝我们走过来。我关心地问他怎么了？他一边抽泣一边往妈妈怀里钻。等他渐渐平静下来，妈妈问他怎么了。他很委屈地指着活动场里面的一个和他差不多的小男孩儿，投诉人家打他。妈妈听到兵兵被打，当时情绪还是有些激动的。为了了解一下情况，我请来刚刚一直陪伴兵兵玩耍的老师。老师说当时的过程是另一个孩子拿着一辆车子从兵兵后面跑过去，车子和男孩子的手肘蹭到兵兵的后背，当时孩子和家长已经给兵兵道歉了。这个时候被投诉的孩子家长看到兵兵还是很难过，也带着孩子过来安慰。兵兵看到大家都在哄着他，情绪也慢慢平稳，后来那个男孩子邀请兵兵一起去玩，在老师的引导下，也就忘记了刚刚发生的不愉快。但这又引发了爸爸的另一轮对兵兵目前状况的不满。“老师，您看到了吗？就这么娇气，这样的事情不是一次两次了，从小就是出门要抱，还没摔倒，他外公外婆就像救火车一样冲过来。如果真要摔个跤，外公外婆那就一直得哄着。我老婆对他也这样，弄得现在娇气得不得了。男孩子之间玩儿有的时候轻重掌握得不好，我老婆就不让兵兵和人家玩。所以现在就是说不得碰不得，哪里像个男孩子！”爸爸又是一口气说了一大串兵兵的不是，而这个时候我开始好奇为什么这个时候提出这个问题而不是更早些。而说到这点妈妈瞬间爆发了，开口就是“你要是嫌弃我妈我爸带孩子不好，你让你爸妈来带呀！再说孩子又不是我一个人的，你现在觉得孩子没带好了，你早些时间干什么去啦？之前是一直叫忙忙忙，今年换了工作不那么忙了，但你管过吗？每天回来要么打游戏要么看球，心情好了和孩子玩会儿，心情不好不也是轰孩子自己玩儿吗？别看这带孩子我也没那么懂，但我知道那儿子要多和爸爸在一起才好。你看看人家《爸爸去哪儿》那些爸爸，哪个不是自己带孩子出去。你自己想想孩子这么大了，你带过几次呀？”妈妈抛了一大串问题出来，出乎我的想象，爸爸没有回嘴，只是看着太太。气氛瞬间冰冻了，但我却从中看到了改变的可能性。“兵兵爸爸，我知道爸爸在担心兵兵是个男孩子，但却有些娇气，爸爸担心儿子长大了，无论是在学校或是在社会没有办法独立，或是现在太娇气以后进入社会吃苦会更多，是吗？”爸爸连连点头。那么妈妈是不是也有这样的担心和顾虑呢？妈妈思考了一下说：“嗯，我也有这个担心。但指着我还有孩子外公外婆，我们的确能力有限。男孩子总是要往外跑，还要登高爬梯，我爸妈哪里弄得了他。再说老人带孩子本来就是怕磕了碰了也不好和我们交代所以特别小心。他们也不容易，我还能要求什么。至于我自己，我当时怀孕不容易，基本上是一直卧床才保住我儿子，所以我也有问题吧，我就是特别怕他有一点点没被照顾好，应该是有点娇惯了。既然来咨询了，我愿意改变和调整。”

家庭咨询父母通常问什么？

在家庭咨询中，只要父母的教育方向是一致的，思想观念统一，孩子的成长变化就会很快，反之再好的学校、再好的老师也没有办法帮到孩子，即使帮到也收效甚微。听到兵兵父母这样的回复，我们就可以进入咨询的第二步“教育方案制定”。在咨询过程中，一般家长需要解决的问题包含三个方面：

1. 宝宝个体早期教育发展问题

家长通常的提问是“为什么其他小朋友这个阶段都会做这件事情，而我们还是不会？”这其中的问题涵盖面非常广，宝宝什么时间会爬会走会说话，或是颜色认知、情绪表达和社交能力等等。面对诸多这些问题，我们会从专业角度分析是宝宝自身发展问题，还是由于家庭中缺乏合适的教育环境引导抑或是照料者错误的带教方式而造成孩子发展的滞后。

2. 宝宝不良行为纠正问题

所谓宝宝的不良行为纠正问题，主要集中在孩子的情绪表达方式，例如：通过哭闹来获取关注、通过发脾气来让身边的人满足需求等；或是经常与小朋友发生肢体冲突抑或是对家里人开始用暴力解决问题。

3. 宝宝性格发展问题

这类小朋友在自身的早期发展阶段各项能力指标基本达标，可以说没有什么特别让家长担心的地方。只是在性格上，家长觉得孩子还有很多的潜力可挖掘，于是希望在早期能够更好地帮助孩子了解自己发现自己更多的优点，同时帮助孩子改正更多的缺点，为后续孩子独立幸福的生活做准备。这其中有些家长明显感觉到孩子在陌生环境中怕生，有的在生活中脾气比较急躁，有的在与人接触中非常强势让很多小伙伴都不愿意和他互动等等。大部分这类家长对教育都有很深的认识，非常重视因材施教，而这层教育问题的解决也是需要家长付出最多的。

虽然能够提炼出三类主要问题，但在咨询案例中，更多的时候问题是以不同比例混合在一起而存在，而无论是哪一类问题，大部分的根节点都是一个：家庭教育观念。

在男孩子的教育观念中，无论国内国外都还是有很多一致的地方，例如对于男孩子独立性的要求、与人打交道的能力以及在群体中的角色要求等等。而在男孩子教育环境中父亲起到的角色和陪伴的时间比例，中西方还是有很大差异的。在西方特别是在北美由于很早就提出了男女平等的概念，所以男人在家庭中也要承担家务和照料孩子的责任，就如同女人也要上班为家庭提供经济来源是一样的道理。所以在我工作的幼儿园的小小班，幼儿园允许家长陪伴孩子一周时间进行过渡，我经常看到很多外国老爸，带孩子来上幼儿园，冲奶、换尿布、陪玩儿陪闹，哄吃哄睡，早就形成了自己独有的一套带娃心法。而形成鲜明对比的是很多亚洲来的老爸，总是默默地站在一边，看着自己的娃，爱是很爱，但却完全无从应对。这可能是因为文化的差异吧，我们的文化中还遗留着一些“带孩子是女人的事情”的比较陈旧的观念，又或是觉得孩子还小，就把主要的教育责任推给母亲，造成在很多孩子早期成长中父亲角色的缺失。随着近些年一些爸爸独立带娃节目的播出，很多父亲也开始意识到爸爸在孩子成长中的重要作用，特别是一些80、90后的新手奶爸非常愿意尝试和参与，但由于缺乏实战经验，难免笨手笨脚，又常常被老人和母亲拦在了外边。

在我的咨询中，我经常会和很多母亲说。聪明的妈妈其实不要过分地承担孩子的教育，而是作为桥梁多多让爸爸参与。孩子与母亲的连接可以说是自然连接的，怀胎十月的孕育期以及后期的母乳喂养，都让孩子与母亲更自然地建立了早期的亲子关系。但是父亲的连接需要是后天通过创设环境和大量的时间陪伴逐步来形成依恋，而对于孩子来讲，父亲能够给予的安全感，以及对很多事情的理性分析和果断处理等等，这些都不是母亲和其他照料者能够替代的。所以聪明的妈妈，应该经常鼓励“笨手笨脚”的爸爸，让他们用男人的方式和自己的孩子互动，在这样的看似有些笨拙的方式中，孩子学会了如何更好地在温室外生活，如何调整自己适应环境。对于女儿，好爸爸是以后她长大后寻找亲密关系的参照；而对于儿子，好爸爸是他人生的榜样和明灯。

家庭教育方案制定

面对乒乒这个案例，在和父母沟通中我们可以看到，父母双方都觉得儿子有些娇气，但爸爸把孩子的成长中遇到的问题更多地归结于老人的溺爱，忽略甚至说逃避了作为父亲的责任。而妈妈虽然也意识到了问题，但由于儿子的得来不易自己的情感上没办法放手。在初期的沟通交流中，妈妈提出的现实老人带教问题和爸爸的参与问题起到了让爸爸思考的效果。既然大家的目标是一致的，都是希望乒乒能够更加独立一些，不要这么再被娇惯，现在就是方式方法的问题了。

"所以根据我们刚刚的沟通和讨论，现在可以看出爸爸妈妈都是希望一起帮助乒乒在性格上更加男孩子些，然后生活更加独立一些对吗？"我开始和父母做最后的确认。爸爸妈妈听过都频频点头。"那么我们可以看到目前我们需要解决三个问题，就是老人溺爱、妈妈宠爱还有爸爸陪伴比较少。鉴于目前是外公外婆来带，妈妈去沟通会比较合适。老人这边年龄大了，疼隔辈人的那份心情我们应该理解，所以改变是很困难的。因此只能说爸爸妈妈通过增加陪伴孩子的时间，让老人看到孩子的变化，才有可能赢得老人的配合。所以我们今天的重点主要放在爸爸的参与和陪伴上，大家同意吗？"

听到这个，妈妈笑开了花，频频点头。我转过头看看爸爸，爸爸倒也没有反对。只是非常疑惑地看看我，问我："老师，那我配合什么呀？"

"这个我们再细说，首先我要确认的是妈妈，虽然妈妈希望让爸爸参与，但男人带孩子一定没有女人这么细致，也难免会磕碰，妈妈是否真的准备好啦？如果不是这么细致，妈妈还是要多多鼓励爸爸，这点能做到吗？”我和妈妈说。

“可以的可以的，只要我老公愿意带，我高兴还来不及呢！”妈妈马上回复我。

“那爸爸接下来我们说要怎么配合了。对于男孩子来讲最快地能够改变目前娇气的状况的方法，就是和爸爸一起多做些户外的大运动活动，同时在户外活动中多多与其他人互动。爸爸平时比较喜欢什么运动吗？”我开始确定教育方案的第一步。

“户外运动？老师，我这些年哪里有时间户外运动，说实话，每天下班累得要死，回到家就想着倒着。对我来讲生命在于静止，最好就是在家歇着打游戏。”爸爸自己说到歇着打游戏不自觉地开心起来。

“那我想如果这样和爸爸继续一起的话，兵兵的眼镜片应该比现在再厚上一倍。爸爸现在要想好，如果希望参与孩子的成长，特别是之前很少参与，目前又存在希望提升的各个方面，家长放下自身的一些时间，先把孩子作为中心是整个教育方案实施的前提。所以爸爸要么就是为了儿子先要改变自己也不太健康的生活习惯，要么就是只能默默接受目前孩子的发展状况。如果以后觉得问题再严重些，再改进。但之前我们也沟通过，孩子年龄越大，很多问题的顽固性也就越强，改变起来也就越来越难了。所以爸爸现在的决定究竟如何？”我开始将后果告知爸爸。

“老师，我老婆刚才说我的问题我都承认，我之前一直说自己忙来逃避。但孩子越来越大了，我觉得他需要我也就这么几年了，现在应该是他最需要我的时候，我要参与的，虽然我知道有很多困难，但我一定尽量调整。刚刚说的户外活动，我大学的时候喜欢爬爬山，这个可以吗？”爸爸开始表达自己的决心和想法。

“好呀，爬山很好呀！重要的是和你一起！坚持，从现在坚持每个周六我们都来一集爸爸去哪儿，就你们爷俩。从早上起床到晚上睡觉，兵兵的一日生活都由爸爸照顾，固定下来周六早上都去爬山。过程中，爸爸就是要做到尽量让兵兵自己做些力所能及的事情。例如：外出要携带的用品、穿衣吃饭、过程中坚持和挑战自己的极限。这些爸爸觉得ok吗？”我用笔一一列出要完成的事项，周期两个月。

爸爸很仔细地一一记下，还没等我和他确认，他就急着说：“老师，这些事情我都能做，我以前也不是没有尝试过。现在就一个困难，你要帮我。就是我老婆不能啰唆，还有就是我岳母那边实在是，我真是怕这两个女人唠叨。所以我带孩子可以，但不能要求我和她们一样，否则烦死啦！当然我尽量高标准要求自己。”听到这边妈妈开始大笑，我也笑起来。

咨询后的两个月内，总是会看到，妈妈朋友圈晒出爷俩出去爬山的照片，配文有“从不要晒太阳的小公举，到黑碳碳的纯爷们儿”；“之前追着喂饭不吃，被他爹饿的，现在追着要吃的，嘻嘻”；“和小伙伴一起蹦高高，腿破了也不哭，点赞……”一条条的微信，虽然有些自黑小兵兵，但看到的是孩子的进步，看不到的是背后爸爸的坚持、妈妈的鼓励……

出来玩打小朋友是要还的

宝宝：牛牛　27个月　男孩

参加家庭指导的带教者：爸爸、妈妈、爷爷、奶奶

9点刚到早教中心，前台的电话就来了，“Linda老师，牛牛一家都来了。”呵呵，牛牛来了，果不其然不到一年，家里人就受不了了。

牛牛是我9个月前接待的一个宝宝，当时小家伙只有18个月，但霸气十足。在早教中心的外场，只要他手里的玩具，其他小朋友就别想碰。小朋友还没靠近他，他就像小老虎一样，先是吼人家，如果人家再靠近，那一定是一个大耳光就上去了。我当时在外场观察了他很久，每次与小朋友发生冲突或是他打了其他小朋友，却从不见他的家里人出现。那一次，实在是他连续两次打同一个宝宝，对方家长不高兴了，喊了一声“这是谁家的孩子？”我才见到了牛牛的奶奶。老太太出来的第一句话不是道歉和安慰对方孩子，而是不痛不痒地说了句“小孩子，打打闹闹没什么大不了的。”对方家长一看没有理论于是带着孩子转身就离开了。而牛牛奶奶和旁边一位阿姨说的第二句话让我找到了牛牛霸道和任性的根本点，“我家小子就是厉害，没人比得了他，男孩子厉害点好，反正我们不吃亏。”

我走上前去和牛牛奶奶聊起来，奶奶聊得很兴奋，嘴里就是夸孙子聪明、厉害，反正只有优点没有缺点。我知道这个时候和奶奶讲什么，老人家都是听不进去的，只有等到老人自己意识到问题的严重性才有可能改变牛牛打人的行为。后来妈妈来接牛牛回家，我试探过，但妈妈的态度是“我管不了”。看着这一家人的背影，我开始担心牛牛后续的个性发展和小朋友的社交，我很希望家人能够早点意识到问题的严重性，奶奶能够从溺爱中清醒看到牛牛的问题而妈妈能够为儿子的成长担负起应有的责任。所以后来总是和牛牛带班老师沟通相关情况，在9个月后奶奶主动找到老师希望咨询，我们再一次碰面了，起因是牛牛开始打家里的每一个人。

来到外场，今天全家都到齐了，这次奶奶看到我略微有些不好意思，主动走过来打招呼，“Linda老师，我们又来啦！这孩子呀，最近实在是不得了了，只要生气就打人，家里人外边人都打。小区的小朋友都不和我们玩，我们一出去，人家都走了。”奶奶一口气说了一大堆，而我却发现旁边的爸爸妈妈一声都不吭。就在这个时候，因为抢夺海洋球，牛牛又把海洋球池里另一个小朋友打哭了。我看看妈妈的表情，她只是不停地摇头向对方家长道歉，然后迅速把牛牛从球池里面拖出来，然后就坐在一边看着牛牛撒泼打滚。爷爷看不下去了，过来开始哄牛牛，什么乖孙子、买糖果只要不哭怎么都行，当爷爷把牛牛抱起想转移的时候，被抱起的牛牛却将所有的怒气都发在爷爷身上，两只手重重地打在爷爷的脸上。爷爷不但没有训斥，反而笑脸相迎，嘴上乖孙叫个不停。等下哭累了，牛牛擦擦眼泪，起来又是好汉一个。在外场开始跑动，我发现只要牛牛对某个玩具看一下，驻足停留一下，其他的家长就迅速转移自己宝宝的注意力，然后马上放下那个玩具选择离开。而身在旁边的牛牛家长们，却似乎没有察觉。

趁爷爷奶奶和牛牛玩耍的时候，我主动和爸爸妈妈沟通了起来。“牛牛妈妈，有什么育儿方面的问题是需要我解决的吗？”妈妈这个时候才开始讲话，“Linda老师也不瞒您，半年前我们见过面，当时您说的话我听进去了，只是没办法，我婆婆很强势，我老公都听他妈的。我不是上海人，嫁到他家，我婆婆一直对我不太满意。孩子嘛，宠得不行。小的时候打人我那个时候要管，爷爷奶奶不让，还总是笑着说反正我们不吃亏。所以后来我就懒得管了，随他去吧，到时候让幼儿园老师收拾他。今天说来找您，是因为牛牛最近开始打他奶奶，他奶奶自己吃不消了，感觉这样子长大了就真是管不了了。”听妈妈讲，我观察到牛牛的爸爸一直不发一言，唯一回答我的一句话是“我妈不容易，小时候都是我妈一个人带我，你管小孩儿惹她生气，何必呢？”和爸爸妈妈的沟通中，还了解到牛牛的一日作息、平时社交的情况，特别是一家四口的家庭关系。

听完后我大致有了了解，在希望调整目前牛牛打人行为上，妈妈是比较坚决的，奶奶是因为设想到以后的后果觉得要开始调整，而爸爸和爷爷其实都没有特别坚决的态度。如果是这样的情况后续由于缺乏动力，带教人会选择退缩或者再次逃避。所以为了进一步确认家长希望调整的迫切性，也进一步了解牛牛现在打人的程度和社交关系的状况，按照常规开始进入互动观察。这其中需要观察，牛牛为什么打人和面对打人的态度。

牛牛首先跑到了桌面玩具前面，他在摆弄着桌子上面的小火车，一个同龄的小朋友走过来，还没靠近牛牛，牛牛就抓起玩具，然后朝小朋友大吼起来。旁边小朋友被吓坏了，马上退后好几步。其他的小朋友被这阵势吓坏了也都不敢靠前。这次奶奶倒是非常积极，马上跑过来，冲着牛牛就是一通的教训："奶奶怎么和你说的呀，小朋友要一起玩儿呀！你这么凶，以后谁还要理你呀！"奶奶话音还没落地，牛牛直接过来就开始用小手朝奶奶大腿上就是一拳。奶奶后退了几步，然后抓住了牛牛的小手。在周边看的人本以为牛牛就此罢休，没想到小家伙瞬间挣脱奶奶的手，嘴里还嘟囔着"臭奶奶臭奶奶"小拳头又挥了过去。旁边的人都有点惊呆了，这个时候爷爷才过来当和事佬。"乖孙子，乖孙子，不能打奶奶，走走，你要哪个玩具，爷爷拿给你。"爷爷边说边把牛牛吸引走。爸爸妈妈看了一眼然后就转过头去当完全没看见。对牛牛来说，打人后完全没有家长来进行正确引导。

当我看到眼前的这一幕的时候，我开始有些坐不住了，我想亲身了解一下牛牛的威力到底有多大。之前从家长口中知道牛牛喜欢车子，我从办公室里面拿出一组各种类型的车子，消防车、出租车、铲车等等。还没等我邀请牛牛来玩，这小家伙就跑上来伸手就要从我手里抢。我示意牛牛坐坐好我会和他分享一辆车子，出乎我的意料，牛牛坐好了但需要我马上就把车子给他。玩了大概五分钟，牛牛开始要我手里的救护车。"我还没有玩好，等我玩好了，我再给你，你要不要玩一下积木呀？"我尝试引导牛牛学习等待。但完全出乎我的想象，牛牛直接扑过来动手要抢走我手里的车子，当我明确告知他要等待不能抢，小家伙居然狠狠地在我的肩膀上咬了一口。妈妈和爸爸见状迅速跑过来，把牛牛拉走，我装出很痛的样子，想看看牛牛的反应。虽然这个时候爸爸开始狂吼，但牛牛的反应却是不以为然，只看着自己手里的小车子。这一刻我知道，这远比我一般看到的“熊孩子”要难解决得多。

宝宝打人几步走

看到以上的文章，很多家长都会不解这孩子是怎么变成这样的，甚至连大人都敢打，这以后还得了。宝宝在成长过程中，由于初期语言受限和还无法清楚地了解社会规范，会用肢体行为来表达自己的不满。每个孩子或多或少都会有打人的行为出现。

第一阶段：用力拍人

这个阶段一般出现在宝宝八九个月的样子，在他开心不开心的时候总会用力拍打爸爸妈妈的脸，又或者特别开心的时候也不排除会去咬人，这个阶段是需要家长进行引导的。虽然从语言理解来看，宝宝未必能理解，但过程中带教者严肃的表情和低沉的语音语调会让宝宝明白，这种行为是不被接受的。如果在这个阶段家长同时能够引导宝宝使用正确的行为表达那就更好了。

第二阶段：探测是否能打人

这个阶段一般在宝宝1岁半左右，这个时候由于宝宝在认知上因果关系能力的发展及了解自我行为和行为的后果，宝宝开始通过肢体行为探测行为的界限。很多时候我们就会看到，宝宝虽然动手，但每次打人后，会后退几步。其实这个时候，就是在探测反应。这也就是为什么有些家长说，孩子在家看人下菜碟，有的人敢打有的人绝不敢打。主要原因就是有些带教人，会通过语言或是表情让孩子非常清楚地知道打人的行为是不被接受的，而有些家长虽然嘴上表态不能打人，但所有的肢体表现和语音语调无不透露着打人的行为是被允许的。

第三阶段：打人后逃避

由于家长早期没有对宝宝不良行为进行干预和引导，后期宝宝开始常用打人来表达不满甚至达到某种目的。而每每打人后，家长要教训他时，家长会发现宝宝要么就是眼神游离不看家长，要么连看都不看你，装作没听见。这个时候家长会明显感觉到，孩子没有办法教育，开始头痛。

第四阶段：打你继续打你

这个阶段的宝宝就是当家长开始教育他们时候，他们不躲闪也不逃避，反而是继续打家长，进一步来表示自己的不满。而每每到这个时候家长会感觉到极度的无力感，感觉这孩子怎么长成这个样子，这孩子还有救吗？而在这个阶段的孩子类型中，最根本的问题是他们不尊重家长的权威，而原因就在于家长从一开始没有在孩子心中树立威信。

家庭育儿方案制定

面对牛牛的问题，我先是给爸爸妈妈还有爷爷奶奶讲述了牛牛目前打人的严重性已经达到了第四个阶段，如果再不进行引导，进入幼儿园牛牛很可能会成为老师严重的“问题孩子”或是其他家长嘴里的坏小孩，这对于还处在学龄前阶段的牛牛的未来成长来说是非常不利的。而开始让爸爸有些着急的是今天牛牛的表现，对于一个完全陌生的成人，牛牛都敢抢玩具而不考虑后果，如果是一个同龄的小朋友那就更不在话下。这样的后果让全家人开始有些担心。而我的意外受伤，起到了非常好的拉响全家对于牛牛打人行为的警钟作用！

牛牛打人行为背后的1-2-3

第一：打人也没什么大不了

牛牛打人行为已经持续了将近一年了，在这一年的过程中，错过了牛牛建立行为规范非常重要的敏感期，而目前牛牛27个月正在叛逆期，这大大加大了引导的困难。牛牛从认知层面已经觉得，打人没什么大不了，也不会有什么后果，所以这个时候如果要进行行为规范的建立和调整行为，家庭的一致性，特别是我们通常说的家庭中的黑白脸的角色要非常清楚，甚至有的时候为了让牛牛知道问题的严重性，作为黑白脸的黑方家长的权威性可能要更强，让牛牛深刻明白这是个界限不是游戏，请不要碰触。

从一家四口目前的角色来看，虽然爷爷奶奶非常愿意参与，但老人骨子里面还是比较溺爱的，另一方面从长远的教育效果和牛牛的成长来看，还是要父母来承担这样的教育角色。爸爸和妈妈经过简短的沟通，最后爸爸决定自己来承担主要的角色。当然前提是我和爷爷奶奶进行了深层次的沟通，让奶奶明白父亲在孩子特别是在儿子成长过程中的重要意义。

“以前我是懒得管，特别是我也懒得听我妈吵我，心想小孩子以后到了幼儿园也就好了，到时候不行再打也不迟，所以也没放在心上。但今天我看到牛牛和老师抢玩具的时候，我自己也有点没想到。我一怕这小子以后再这样下去一定会闯祸，二来我也想明白了，现在小好管，所以这个黑脸就让我来吧！”

爸爸的一口气讲了一大段。妈妈看到爸爸这180度的大转变，很是开心，一再表示会配合爸爸。

第二：不打人那要怎么办呢？

在牛牛和其他小朋友互动的表现来看，除了对要靠近他的小朋友大吼大叫以表示恐吓外，就是动手打别人以保证自己玩具的安全。显然牛牛根本不知道如果不打人应该怎么办。

所以在这点上，我现场示范了爸爸妈妈如何教授牛牛保护自己的玩具，同时不打人的方式方法。由于目前牛牛的行为表现来看，先要求牛牛在家能够完成用行动和语言来表达需求而非打人，当能够逐步完成家庭的良性互动后，可以逐步进入社交圈，通过鼓励正确的行为方式来逐步替代错误的行为。

第三：打人是我唯一被家人关注的行为

虽然牛牛打人的行为比较严重，但当我也非常正式地告诉牛牛家长，牛牛某种程度上也在用打人的方式方法获取家人的关注，家长有些不明白。我打开牛牛妈妈之前给牛牛连续一个月的作息时间安排，我把所有的作息安排用荧光笔都标识，除了吃饭牛牛是和家长在一起的。大部分牛牛的作息安排都是自己看电视、自己玩儿，而家人在一起的时间都是爸爸在打游戏、爷爷看电视、奶奶打麻将、妈妈在上网。而这些不仅是在家庭中，我们拿出之前录制的一节牛牛上课的表现，发现整个课程中妈妈都坐在教室背后不愿意参与。而只有牛牛打人犯错的时候，全家都会跳出来狂轰滥炸。说到这里我给爸爸妈妈讲了一个我之前做的案例。

“在寄宿学校工作的时候，班上有个9岁的男孩子包里面总是装着感冒药，每周都要告诉老师他感冒了，要吃药。而作为老师我们明明能够感觉到他身体是健康的，但却不明白孩子为什么这么做。于是班主任安排了一个男孩子非常喜欢的小伙伴做他同桌，后来问他为什么总是要说自己感冒了，还要吃感冒药。小男孩的回答到现在让我想起来都有些心酸，孩子说：‘只有我感冒了，我妈妈才会来学校看我……’孩子会用很多家长意想不到无法理解的方式方法来获取家长的关注，有的时候即使是负面的关注。他们宁肯相信只要爸爸妈妈在说他们，这都是在乎他们，而内心却是孩子无限渴求爱和呼唤爱的心声呀！”当我说完这个案例，牛牛一家人都开始沉默。

所以根据目前的家庭情况，牛牛的作息时间，我进行了基本的调整，其中包括：

（1）提升亲子关系：每天父母到家后，爸爸妈妈需要照顾牛牛的生活起居。

（2）提升陪伴质量：每天入睡前一小时，三口亲子时光。

（3）对于打人行为全家说“不”。

（4）用正确的行为替代错误的行为：当家长示范正确的互动方式后，牛牛只要模仿有一点点的进步，家长都要把眼睛放在正面行为上，鼓励正确的行为，然后逐步让正确的行为替代错误的行为。

家庭咨询后的两周是家长的反馈期，牛牛妈妈积累了很多家庭互动的照片发给我看，虽然牛牛打人的行为还是时而发生，但全家人都感觉自从家里人“真心”陪伴牛牛的时间加长了后，牛牛打人的坏习惯的确改了很多。这样的进步给了全家人很大的信心，只要牛牛邀请爸爸妈妈游戏，爸爸妈妈都会尽量满足。而当父母给了牛牛正面的关注，牛牛也不再需要用错误的行为获取关注了。

每一个孩子出生都是一张白纸，爱不仅是物质上的提供，更需要的是陪伴和教育。

第二部分

每天育儿那点事儿

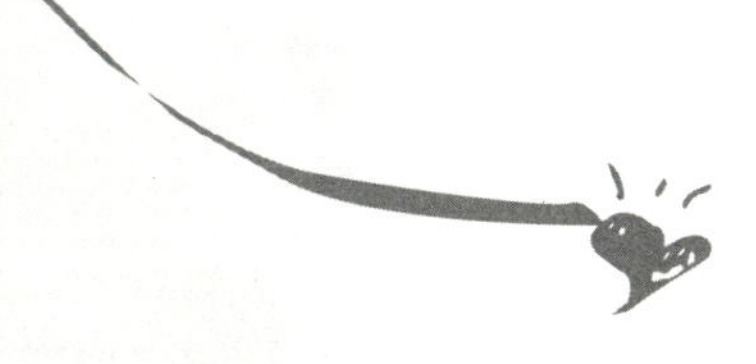

追着喂饭很无奈

2009年回国工作，无论是大大小小的讲座答疑，还是一对一的家长咨询中，总是会被家长问到关于宝宝吃饭难的问题。

—“我们宝宝吃饭不好怎么办?”

—“宝宝奶喝得多，饭吃得少怎么办?”

—“吃饭总是跑来跑去坐不住怎么办?”

—“宝宝吃饭的时候要玩具或看电视怎么办?”

—“该吃饭不吃，等我们吃完了他又要吃，怎么办?”

面对宝宝吃饭难，家里人基本都会投降。

—你不吃，我就追着喂

—你不吃，你想吃零食那就吃

—你不吃，你想喝奶就尽情喝

—你不吃，想吃的时候就赶快吃

宝宝的糟糕的饮食习惯在家长错误的应对中养成了。我们来看看宝宝在想什么？为什么吃饭越来越难?

—我不吃，你自然会追

—我不吃，我可以等下吃零食

—我不吃，我可以等下喝奶

—我不吃，等下我想吃的时候可以随时吃

案例分享

小丸子27个月，吃饭是一家人的难题，吃饭要全家追来追去，自己不会坐下来吃饭，每次吃饭都要在1个小时以上，零食吃得很多。虽然家长已经在追着喂，但儿保医生还是说孩子体重偏轻，挑食严重，诊断不是厌食症，只是饮食习惯不好造成的营养不良。同时虽然已经接近两岁半，但小丸子一直没有办法睡整觉，半夜一点总是要醒来喝一顿奶，如果不喝奶后半夜就无法入睡。

家长的主要问题在于：

（1）怎么才能坐在饭桌前好吃饭？

（2）怎么才能减少吃零食？

（3）为什么半夜还要起来喝奶？

❖ 为什么宝宝吃饭要跑动呢？

第一：无固定用餐的地点

宝宝小的时候，家长喂餐的时候地点会比较随意，所以从小孩子的认知也觉得吃饭在哪里都可以，后期就会造成不愿意坐儿童餐椅。

第二：照料者追着喂餐

当孩子不愿意坐餐椅，为了能够让孩子尽快完成就餐，很多家长就又开始追着孩子喂饭，这样给孩子一个认知就是我不坐下来吃也没关系，爷爷奶奶会追着喂我，于是进入就餐恶性循环。追着吃饭一方面不利于宝宝消化，另一方面跑动中就餐也会引起食物卡在咽喉造成窒息的危险，因此家长要帮助宝宝改正不良的就餐习惯。

针对以上两点，家长需要帮助宝宝建立饭桌规则：

1. 固定就餐椅

在1岁之前很多家长都会习惯在大人就餐前，先单独给宝宝吃饭，然后大人吃饭的时候宝宝就可以自己去玩耍了。但随着孩子的长大，就餐是家人互动交流非常好的时间。所以待宝宝1岁后，家长就可以为宝宝准备固定的餐椅和餐具，然后让宝宝和家人一起就餐。当然这个阶段，还是主要以家长喂食为主，宝宝自己吃饭为辅的。

2. 饭桌规则

吃饭前坐好，孩子离开桌子，家长只说一次“宝宝，应该吃饭了，坐坐好。”如果孩子还是离开桌子，先“忽视”他，不要给予太多的关注。等待5分钟后，不追不赶走到孩子身边，平视孩子用坚定的语气告诉宝宝“如果现在不吃饭，等下妈妈就收桌子了，下午没有其他吃的了。宝宝可以现在先吃饭，等下妈妈吃饭好了陪你一起玩。”沟通结束后，家长可以用鼓励性语言鼓励宝宝参与。

3. 不等规则

大人吃完了，就收拾饭桌。但在结束前，告诉孩子“宝宝，午饭就要结束了，妈妈要收拾桌子了，如果你现在不吃饭，等下肚子会饿的。”然后在5分钟内一定将桌子上的食物都收拾好。

4. 结果处理

如果孩子还是不吃，下午要东西吃。要和孩子说明问题“宝宝，你为什么饿了？”切忌不要单独给孩子吃的，否则孩子会认为，我什么时候想吃还是可以吃的。所以可以采用提早晚餐，还是按照一家人正常吃饭的情况，让孩子坐坐好。这样逐步的改善，孩子会慢慢养成良好的饮食习惯和餐桌礼仪。

❖ 为什么宝宝吃这么多零食呢？

随着宝宝的成长，宝宝的食品无论从种类、口感和品种上都越来越丰富，也随着这个阶段宝宝的大运动的发展，孩子能够碰触的区域也越来越广。在我们提到的小丸子的案例中，在他一天的饮食安排中，明显看出在两餐之间（早餐和午餐中间又或是午餐和晚餐中间）孩子都自己从家里的茶几上、冰箱里面又或是厨房抽屉中找到各种零食，家中的盒装牛奶各种饮料也是随处都是。所以当在正餐之前孩子吃了大量的零食后自然会影响到吃饭。

那么如何管理零食呢？

❖ 定量

孩子在成长过程中，是很难免要吃零食的。但为了不影响孩子就餐，家长可以通过管理零食来达到零食的适量和适度，特别是如果大部分时间宝宝是需要老人或是其他照料者照顾的时候就更加重要。宝宝在1岁半以后作息时间就会相对稳定，一般是三餐两点，零食可以放在点心阶段，也就是一般是早上10点左右和下午3点左右。操作的方法其实很简单，家长需要准备一些独立的塑料袋，然后根据孩子的情况和家庭选择的零食种类，每天帮助孩子准备两个小袋子，然后通过不同的符号来代表上下午。这样一来可以非常有效地控制宝宝的零食量，另一方面也减少了由于宝宝要过多吃零食而造成的与带教人之间的冲突。

❖ **定时**

当零食的量定好以后，家长要注意给孩子吃零食的时间。一般是在正餐至少一个半小时之前，特别是如果零食涉及冷、甜和高奶食品的时候，提前的时间要更长，否则会不同程度地影响孩子的食欲。

❖ **为什么小丸子要半夜起来喝奶呢？**

对于半夜起床要奶瓶的宝宝，家长要具体情况具体分析。有些宝宝是要了奶瓶但其实里面哪怕是水，他们吸两口很快就会再入睡，这个时候可以说孩子并不是饿醒的，更多的可能是需要奶瓶的安抚。而小丸子的情况则不同，每一次小丸子醒来，妈妈反应一般都要喝150 ml左右的奶，然后就会很快入睡。所以小丸子是真被饿醒的。

分析这样的原因主要来自小丸子一日的饮食安排。由于小丸子每天下午午睡醒来的时间都在下午4点以后，醒了以后吃了很多的零食，于是到了正餐要吃的时候就根本吃不下了。而小丸子自己也知道晚上还是可以喝奶的，所以无论家里人怎么让他吃饭他也都不睬。但作为家长的我们都知道，当宝宝肚子里面空空的，奶作为流质食物很难停留在胃口里面，肚子很快就空空了。所以根结性的问题，还是要把晚餐吃好，而要把晚餐吃好最重要的是合理安排一日饮食安排和提升家长的带教和引导方式。

家长小贴士

❖ 主餐不足，点心补救

很多家长在孩子吃饭中有一个观点，午饭没吃好于是下午午睡后给孩子把午饭吃了，那么结果很容易想到，晚饭来的时候宝宝自然没有食欲。这样就进入就餐的恶性循环。一定是午饭没吃下午的点心还是正常量，不要因为午饭没吃下午点心就加量。但可以通过将晚餐的时间适当提前半小时，来让宝宝进入正常有序的就餐安排。

❖ 饮食单一，单一饮食

有很多家长都会说自己孩子偏食很厉害，家里吃饭如果没有那几样就不吃了。但当我让很多家长把家中两周的菜单罗列出来，我们会惊讶地发现居然每一顿饭都有孩子要吃的那老三样。在这样的情况下，孩子又如何去尝试新的食物呢？所以在准备食物的过程中，家长也要注意均衡，这才能减少孩子偏食的情况发生。

❖ 食物质感单一，咀嚼搅拌为主

在就餐中，不同质感的食物不仅会保持孩子的营养均衡，同时会促进宝宝的营养吸收。但很多家长在宝宝学习吃饭的初期,由于宝宝还无法控制吃饭的量,偶尔会出现吃得太多然后将食物呕出的状况。这样一个过程是很多孩子都会经历的,也是个学习的过程。而有些家长为了避免孩子在学习吃饭过程中出现此类情况,就会将孩子的食物都用搅拌机搅碎,或是所有的食物均以流质形态,这对于后续学习独立吃饭特别是入托入园都会造成障碍。

❖ 忌交易、忌追赶、忌贿赂、忌哄闹

吃饭的过程中,家长为了让孩子吃饭会用很多方式方法去诱导,例如:你好好吃饭妈妈等下给你吃糖;每吃一口要一个玩具;看iPad吃饭;又或是爸爸要装大猩猩逗孩子。这些都是不良的就餐习惯。除了孩子出现生理状况,吃饭是每一个人基本生理需求。不吃会饿,这是常理。而在引导宝宝独立吃饭的过程中,很多家长错误地使用了很多逻辑后果,也就是"不吃饭,妈妈不喜欢你"、"不吃饭,我们就不去公园了"等等。但事后公园照常去,妈妈还是照样喜欢我,所有的后果都没有发生,宝宝又为何要去听家人的话呢?其实很简单,就是使用自然后果,也就是"不吃饭等下会饿,饿了下午也没有吃的,要等到晚上才吃饭"。当孩子几次下来知道后果会发生,并且要承担后果的时候,行为才会逐步改变。

我不要睡觉我要PARTY

夜晚来临了，忙碌一天的宝爸宝妈们开始感觉有些疲惫，每天睡觉前的准备都很困难，不要洗漱、不上床、还要吃东西玩玩具，即使上床后还是反复离开房间到父母的房间或者入睡要很晚，此时的宝宝们精力旺盛，意犹未尽。

- 妈妈，能再读一个故事吗？
- 爸爸，不要关灯！灯关了又被无数次打开。
- 小家伙在床上蹦蹦跳跳，房间的门被关上又打开。

面对夜晚的小精灵，我会问爸爸妈妈几个问题：

- 宝宝下午午睡几点起床的？
- 下午是否有户外活动？
- 妈妈爸爸晚上几点到家？
- 是否给宝宝建立入睡流程？

宝宝为什么不睡觉呢？

宝宝想：我下午睡到四点多，从中午一直闷在家里，下午也没出去玩，我体力很旺盛，怎么能去睡觉呢？

宝宝想：我已经一天都没有见到爸爸妈妈了，和爷爷奶奶玩没有意思，我想和爸爸妈妈玩多开心呀！

宝宝想：每天我可以床上跳，灯关来关去，然后跑来跑去，就可以晚睡觉喽！

如何帮助宝宝建立入睡流程呢？

1—睡前准备：每天睡觉前的固定准备，刷牙洗脸、换睡衣、回房间的一致流程，当宝宝配合后积极鼓励。

2—入睡前：入睡前的亲子活动可以帮助孩子调整情绪并逐步安静下来。亲子活动的形式多采用静态游戏，并建立一定的顺序。例如：读一本书、讲个故事、唱儿歌等等。

3—准备入睡：当亲子活动结束后，给孩子一个拥抱或者亲吻，让孩子知道要准备睡觉了。

4—关灯后“少言少语”：这时候的宝宝，会想探测是不是可以多玩会儿？所以家长的言语一定要越来越少，面对宝宝的互动要求可以从“宝宝，要睡觉了”；简化到“睡觉了”；最后到只是轻轻地安抚和拍后背帮助宝宝入睡。否则太多的语言会激发宝宝要互动的意愿。

家长小贴士

- 房间保证简单、安静：将电视、电话、玩具搬离房间。
- 训练自己入睡：孩子需要时间适应自己睡觉，家长请避免习惯性地久拍或者摇动孩子入睡，这样会让孩子养成依赖。

- 保证一致性：有交替照料者参与时，也要尽量执行入睡流程，保证一致性和连贯性。

你找你妈妈睡，我找我妈妈睡

家长来信：李老师，您好！两周前听了您的讲座后回来按计划行事。先和小朋友沟通，他同意自己睡回小床，然后答应她买了个漂亮的帐篷，现在已经每晚可以自觉回小床睡觉了！非常感谢您！不知这样是否已算成功？还有什么注意事项吗？谢谢！

我：宝宝妈妈，目前来说进展很顺利，接下来就是继续鼓励和表扬。后续有可能反复的就是宝宝生病或者是爸爸经常不回来，再或者就是生活有比较大的环境和照料人变化，否则后续会越来越好，恭喜妈妈，继续加油！

前段时间讲座结束，一群家长围着我问问题，有位妈妈很无奈地和大家分享她儿子霸占大床的故事“我家小家伙现在每晚都要在大床上睡，他爸爸别想上大床。他爸爸一进房间，小家伙就说你去找你妈妈睡觉，我和我妈妈睡觉。老师这可怎么办？”这家长一开头，共鸣声此起彼伏。

“对呀，我们是要睡着了才能抱回小床，但半夜宝宝又跑回大床。”

“我们是站在小床上死哭，一哭就是一两个小时，不放到大床上就不睡觉。”

“我儿子是自己会从小床翻出来，然后半夜跑到我们大床上睡。”

……

宝宝出生后，家人为他准备了漂亮的小床，但没过多久为了喂奶方便、为了晚上哄睡方便，小家伙慢慢地从小床转移到大床。本以为就是临时过渡一下，没想到，小家伙变本加厉，再也不要回去。当然宝宝在大床上和爸爸妈妈一起睡可以增进亲子关系，和宝宝相拥而睡也是成长难得的温馨甜蜜回忆。但随着孩子逐渐长大，爸爸妈妈需要独立空间和相对的隐私，而分床睡也是宝宝成长中学会独立非常关键的一步。

如果从小就一直都是大小床同一个房间，当宝宝两岁左右分房睡会相对比较容易。但如果宝宝和家长一直都是同床，爸爸妈妈如果想一下子分房，其实困难还是比较多的。针对家长们提到的原来大小床，后来没注意宝宝就赖在大床上的情况，今天和家长分享一下宝宝分床的一些步骤。

父 母 锦 囊

第一步：大床小床归位

当宝宝已经习惯了和爸爸妈妈挤在一张大床上睡的时候，特别是有的宝宝霸道到只能自己和妈妈在大床上睡，很多爸爸为了减少孩子哭闹，就自己灰溜溜地搬到另一个房间，拱手让出自己的大本营。这样做一方面会让宝宝变得过于任性，另一方面长期的夫妻分床对夫妻关系也会造成影响。因此让宝宝独立睡小床的第一步就是让男主人回归，把睡在书房、客厅的爸爸请回来，并且告诉宝宝这是爸爸妈妈的床，宝宝有自己的床。即便宝宝再哭闹和耍赖，爸爸妈妈也一定要坚持。

第二步：大小床连接

为了让宝宝可以平稳过渡，逐步适应。这个阶段家长可以将小床和大床的一侧相连接，宝宝可以选择是靠近爸爸睡还是靠近妈妈睡。一方面便于家长晚上照顾宝宝，另一方面对于宝宝来说又不会感觉距离爸爸妈妈太远造成晚上不安。当然晚上宝宝可能会爬到大床上，家长要将宝宝抱回小床，然后轻轻安抚直到宝宝入睡。

第三步：大小床分床

在经过几周的适应周期后，当宝宝晚上睡眠比较平稳，家长可以真正将大小床分开。距离可以保持在1～2米。第一次让宝宝独立睡小床可以是在午睡时间，因为白天相对来讲宝宝紧张感和不安感较弱。家长只需要将宝宝放入小床，如果宝宝有喜欢的安抚物品一并给宝宝。宝宝躺下后，家长轻轻抚拍宝宝的后背。这时候切忌和宝宝进行过多的眼神交流和语言交流，从而培养宝宝自我入睡的好习惯。

第四步：屏风里外的独立空间

如果家长后续还想让宝宝分房睡觉，那么家长可以在分房之前，通过屏风等隔离方式，先让孩子和父母在一个空间能够听到父母的声音，这样孩子比较有安全感，但同时又能慢慢开始习惯自己的独立空间，等孩子比较稳定地接受这样的安排后，再分房孩子就相对比较容易接受。

家长小贴士

家长为宝宝准备分床的时候，尽量不要选择孩子比较焦虑的阶段，例如：断奶、入托入园、刚刚搬家或是某个特别依恋对象不在的情况下，选择孩子情绪比较平稳阶段相对会更加容易。

被电子产品拐走的宝宝们

在早教中心的外场活动中心，经常会看到如下的场景。

— 初上早教课的宝宝在教室里面跑动，爸爸掏出iPhone，宝宝瞬间静止，接下来一节课就是玩iPhone。

— 早上没吃饭，妈妈带着早餐到早教中心，宝宝必须一边看手机一边吃饭，否则不吃饭。

— 阅读角温馨的亲子阅读时光被爸爸和儿子一起“大战僵尸”代替。

近几年随着智能大屏幕手机的普及，我的家庭育儿咨询中又多了一类问题：

— 老师，我们家孩子坐不住，什么都不感兴趣，只有看电视或者玩iPad才能坐住。

— 老师，我们家宝宝35个月了，不讲话，电视大概一天看四五个小时，他一看到他爸爸就要玩iPad。

— 老师，我们不在家，老人岁数大了，小孩子就只有看电视要么就玩iPad，我把iPad藏起来，几次上班他奶奶都电话来要，说弄不了小家伙。

— 老师，我家宝宝总是眨眼睛、耸肩，医生说是“抽动症”，电视是不能看了，可是这天天坐不住，吵着和我们要iPad这可怎么办？

我们的宝宝是和数码产品一起成长的一代，1岁之前他们看着家里人每天盯着一个会出声音的大盒子有时哭有时笑，没多久他们记住了这个大盒子叫“电视”，并且它还配了一个小兄弟“遥控器”，于是按遥控器是宝宝每天必玩的游戏。

当宝宝自我意识逐步发展的时候，爸爸妈妈每次拿着手机拍照，宝宝们总是会爬过来要翻看每一张照片，并不时小手点着手机屏幕冲你嘻嘻笑。

在后来家里的电脑游戏、iPad里面的汤姆猫、电视里面的巧虎，都被一一翻出。家长有的觉得好玩、有的看到孩子安静了不缠着自己也清静，于是就不管了。殊不知你的宝宝要被电子产品拐走啦！

电子产品不可能被剔除出孩子的生活，但如何适度并用好电子产品是每一个家长都需要思考的。

原则上2岁之前的宝宝不建议看电视和使用电子产品，北美和欧洲很多国家对此有相关法律法规，因为他们深知孩子的学习是需要与环境中的人、事、物互动，才能得到全方位的发展。那如果已经开始看电视或是使用电子产品，如何有效使用而不滥用呢？

父母锦囊

❖ 固定时间适度使用

每天建立固定的时间段看电视和玩电子产品。原则上全天不要超过30分钟,每次不要超过15分钟。在玩耍之前先和宝宝建立好游戏规则,例如:电视我们看完这一集,就要吃饭了;iPad等TOM再叫一声“喵呜”,我们就要出去了。当游戏规则建立好,就一定要执行。否则就会出现电视成瘾iPad成瘾,造成后续视力问题和心智发展。

❖ 陪伴参与共同成长

每次面对家长咨询关于看电视和玩iPad的问题,我都会问一句,当你使用电视的时候是“让孩子看电视,还是让电视看孩子?”

面对这样的问题很多家长都不好意思地低下头。很多家长为了能有一些自己的时间,让电视和iPad充当了保姆,如果是这样的原因,我不建议使用。

看电视的时候家长要和宝宝一起,一方面可以了解孩子的兴趣走进孩子的世界,另一方面将电视中的亮点运用到日常教育之中。我会看到早教中心有些妈妈扮演动画片中的某些角色让宝宝帮助自己收拾房间;我也看到很多爸爸将游戏中的打飞机场景运用到孩子的玩具室和宝宝一起模拟打飞机。这些家长是有爱更是有心的,他们利用了现代化的电子产品而并没有滥用现代化的电子产品。

孩子的成长只有一次,电子产品可能能够给孩子不同的学习体验，但永远替代不了与爸爸妈妈互动中带来的思考和丰富的情感体验。放下我们手中的电子产品，别让电子产品拐走了我们的孩子，就在今天将一小时完完整整给我们的家庭和孩子吧！

情绪篇

宝宝的情绪，你知多少？

“情绪管理”是这些年在与家长咨询中很多家长频繁提到的一个词语。很多家长会说“这孩子就是管不好自己的情绪，说发脾气就发脾气”。作为70后、80后的这一代人，我们基本在自己成长过程中没有被教授过情绪管理的技能。而只是随着年龄增长阅历增长，自己开始遇到一些情绪管理的问题，这才开始去探索和学习。但即使这样，在很多讲座中，家长给我的一些情绪词语中，正面情绪的词语大部分都在“高兴、开心”，负面情绪的词语大部分集中在“难过、生气”。可以说我们很多家长的情绪词语有些贫乏。如果我们自己都不认识情绪，又怎么能够教会我们的宝宝认识情绪，如果不认识情绪我们又如何教他们管理情绪呢？

第一点：认识自己的情绪

认识情绪的本质是情感智商的基石，当人们出现了某种情绪时，应该承认并认识这些情绪而不是躲避或推脱。只有对自己的情绪有更大的把握性才能成为生活的主宰，才能更好地指导自己的人生，更准确地决策婚姻、职业等大事。

基本情绪（basic emotions）在人类中普遍存在，可以从面部表情直接推理，快乐、好奇、惊讶、愤怒。随着时间的推移，情绪成为清晰、有良好组织的信号。孩子在4个月前，多半是在模仿信任者的表情，当孩子4个月后，宝宝会希望通过自己的情绪表情来影响身边的人。他们会特别喜欢关注父母和周边人的面目表情，宝宝希望对他们笑的时候会有同样的反馈。

随着孩子和周边接触的机会多了，情绪体验越来越丰富，高兴、不满、兴奋、生气等等，为下一步“妥善管理情绪”做进一步的准备，在0～2岁之间，爸爸妈妈要帮助孩子标记相应的情绪及相对应的正确行为，特别是负面情绪的表达方式。

父 母 锦 囊

- 对孩子的错误行为表达观点和立场：因语言发展的局限性，家长应通过语音语调及面目表情帮助孩子理解。
- 用语言标记孩子情绪。
- 建立正确的情绪表达方法。

案例分享

乐乐一岁半了，每次高兴的时候就会咬人，让爸爸妈妈很是头疼，和其他小朋友玩耍的时候也会出现同样的情况，几次后别的妈妈爸爸都不再敢让自己孩子和乐乐玩了。乐乐爸爸妈妈很是担心长期这样下去，孩子会被孤立起来。

对于孩子的一些不当的情绪表达，父母首先要确认是什么样的原因造成的，这需要大量的观察和分析，不能断然认为是孩子行为问题。就乐乐的案例首先爸爸妈妈要分析乐乐咬人的原因。孩子出现咬人的状况有很多种。

第一：长牙，牙根痒磨牙；

第二：没有适当的语言表达心情，采用咬的行为表达情绪，如果能够确认是发展过程中的行为问题，就可以根据以上所说的方法进行处理。

第一步：对孩子的错误行为表达观点和立场

在孩子咬人的时候，家长一定要表现疼痛感，例如大喊“唉呦”，让孩子马上停止，然后告诉孩子“很痛”。爸爸妈妈的表情一定要夸张和严肃，孩子可以通过面部表情和音调来捕捉情绪信息来确认自己行为是不受欢迎的。

第二步：用语言帮助孩子标记情绪

家长帮助孩子用语言表达他的情感“妈妈知道你很高兴，但咬人很痛”。

第三步：建立正确的情绪表达方法

用正确的行为替代，“当你高兴的时候，你可以抱妈妈或者亲亲妈妈”。这样乐乐就用正确的行为拥抱或者亲吻来表达高兴的情绪，而不是之前的咬人。当孩子作出正确的行为时候，及时给予鼓励以达到强化的作用。

长此以往，通过不停地反复练习和学习，让孩子认知自己的情绪并且学会相应正确情绪表达方法。自然而然宝宝会将在家庭中学到的情绪表达方式延伸应用到自己的小小社交圈，成为社交圈中小明星。

第二点：情绪的自我调节

情绪管理是指能够自我安慰，能够调控自我的情绪，使之适时、适地、适度，有效地摆脱焦虑、沮丧、激怒、烦恼等因失败而产生的消极情绪。

情绪调节能力的强弱无论对于成人还是儿童都有非常重要的意义。成人在生活和工作中难免遇到挫折和烦恼，如何通过有效的方式方法，调节自身情绪，从挫折和失败中迅速走出，重新面对生活，是我们每个社会人所避免不了的。在宝宝成长过程中，随着与外界的交流和互动越加频繁，孩子们也开始出现挫败和烦恼。如何在宝宝真正进入他们的社交圈前，掌握一些基本的社交技能，当环境无法满足自我为中心的需求时候，及时调整自己的情绪，快乐地与人相处是非常必要的。

父 母 锦 囊

案例分享

豆豆两岁半，对于自己想要的玩具或想做的事情如果家长不能满足，就撒泼发脾气，每次到商场里面看到好玩的玩具，如果家长不买，就会在地上乱打乱踢直到家长无奈买了才肯罢休。平时和小伙伴玩耍，也从不示弱，要的玩具就一定要到手，否则就会打人或者哭闹。

两岁左右是孩子建立行为标准和规范的非常关键期。但与此同时自主意识、自我为中心又是这一阶段宝宝发展的重要特征之一。于是当规范遇到自我为中心，当行为标准遇到自主意识，冲突爆发。西方家长都会统一称孩子的两岁叫作“Terrible Two（糟糕的两岁）”。了解了孩子的心理发展特点，其实顺利过渡“糟糕两岁”不再是梦。

因这个阶段孩子开始更多地接触除了家人以外的环境，出现了活动资源上需要分享，有些要求无法满足的情况，于是如何帮助孩子调整自身情绪以适应环境是家长必修的一课。

❖ 提前预知

当情况突然变化或者和自己预先想的状况不相符合的时候，孩子很容易出现情绪暴躁。其实大人也是一样。想一想正打算通宵看韩剧的妈妈，被爸爸突然关掉电视要求马上去休息的感受？这下妈妈们是不是可以理解孩子的情绪了吧！“我有我的打算和想法，你为什么要干扰我”。于是吵闹和发火是孩子经常上演的戏码。

因此家长应先将一些可预知的情况告知孩子，提前做好心理建设，以便孩子在遇到类似情况时心里有所准备。例如出行前和宝贝确认“今天我们就是出去玩的，家里已经有很多玩具了，今天出去不买玩具，宝宝答应吗？”；“幼儿园会有很多小朋友，所以玩具要大家一起玩，宝宝玩的时候能不能给小弟弟小妹妹们也玩一会儿呢？”

❖ 再次提醒+“忽视”原则

当父母确定情况可发生的时间点快要来临前，进行再次提醒。比如进入商场之前，再和宝宝确认“记得刚刚我们在家里已经把所有的玩具都数了一遍了，宝宝有很多玩具了，所以今天我们是来看看的，不买。”进入玩具区后，宝宝难免会玩得很尽兴，不想离开，结合第一条，家长要逐步提醒，比如10分钟的时候告诉孩子“宝宝再玩一会儿，我们就要走了。”5分钟、3分钟时候分别再次提醒，根据孩子情况一般5岁前的孩子要提醒三次，每次提醒时间逐步缩短，让孩子有所预知。在最后一次提醒时候家长要帮助孩子做情绪调节，“妈妈知道宝宝很喜欢这个玩具，但我们家里已经有很多玩具了，我们今天就玩到这里了，宝宝真棒，我们下次一定再来，那我们接下来就要去……”，告知后续安排。

但有些时候虽然家长已经给足了提醒和预告，孩子还是会拒绝配合。这个时候家长需要“忽视”。孩子这个时候多半希望一些行为让家长改变想法，这也是家长最需要坚持的时候。这个时候基本的互动原则：

- 语言简短：你现在太激动了，等你安静下来，妈妈再和你讲。
- “忽视”原则：用余光观察孩子的行为变化，当孩子叫喊、撒泼时不给予关注。
- 试问：“你现在可以和妈妈讲话了吗？”如果孩子同意，请父母蹲下在孩子的平行视线内进行沟通；如果孩子情绪还是无法平复，返回第二步。

❖ 标记情绪，提供选择

孩子此刻因为自己的要求没有得到满足，孩子觉得很是委屈。家长首先要帮助孩子接受并标记情绪“妈妈知道你很想要那个玩具,没能把玩具带回家,你一定不开心了。但记得我们家里是不是有很多玩具了?宝宝答应妈妈今天出来不买玩具了。是不是?”当孩子表示了认可并答应配合后,给予后续活动的选择,并给予鼓励。

在整个过程中,家长一定把握住事情的预知性,在过程中给孩子提醒,如果孩子发生情绪暴躁,不要不停地和孩子讲道理或者试图抱孩子,给孩子空间和时间让孩子自己调整情绪,当孩子冷静下来后,再细说整个事情的原委。家长要做的就是过程中坚持起初的原则,很多家长都因为孩子在公众场合撒泼面子上过不去而答应了孩子的要求,或是自己开始被孩子的情绪影响发脾气,造成管教的失败。

让我一次哭个够

在早教中心进行《入托入园准备》讲座，很多家长都说到“我家宝宝脾气很大，不满足他就哭闹不停，我们也知道到幼儿园老师不会理睬他，但是孩子到时候如果这样，多受罪呀！所以有没有什么好方法，可以从正面引导一下呀？”

我了解下来这些家庭宝宝的哭闹时间和哭闹频率，大部分都是每天哭闹超过5次以上，每次哭闹时间不低于15分钟，甚至有的会达到一个半小时。当这位哭闹90分钟的家长举手的时候，很多家长表示难以置信，纷纷投去同情的目光！

各位爸爸妈妈我们来回答五个问题

— 你的宝宝哭闹每次时间是多久呢？

— 每天哭闹的次数是多少呢？

— 每次哭闹后是不是很疲倦呢？

— 每次哭闹后有没有累得很快就睡着了呢？

— 每次哭闹后他当时为之哭闹的需求是否得到满足了？

如果上面的回答，你有三个YES，那么家长要问问自己，为什么这么一个辛苦、劳累甚至费力无结果的事情，我们的宝宝每天都要反复进行呢？

宝宝哭闹类型

（1）情绪的表达：难过、伤心、生气等等。

（2）为了满足自己的需求："哭"是我的武器。

如果家长发现宝宝的哭闹越来越久，很多时候是因为宝宝把"哭"当作工具来获取关注达到目的，满足自己的需求，而爸爸妈妈被这个工具挟持了。当孩子的要求无法得到满足时，会出现哭闹、撒泼或像其他长辈索要的情况。面对这样的情况，家长们想及时阻止不当行为或者由于在公众场合不想丢面子，于是选择通过满足孩子要求而达到立即制止不当行为的目的。这样的解决方法，可以短暂地解决问题，但会发现以后的情况越演越烈。

问题关键点

造成这个问题的关键点在于，孩子脑海里将通过哭闹和满足自身需求做了关联。宝宝的心理小算盘就是"只要我坚持哭，我一定能胜利。"

家长要做的第一项事情就是打破这个关联性，让孩子明白哭闹不是达到目的的正当行为，然后教给孩子用正当行为表达需求。

解决方法

1—接受情绪：这个时候不要压抑、转移，孩子有选择表达自己情绪的权利，家长需要教授宝宝是表达情绪的正确方法，这个时候家长要表示“接受孩子此刻的不良情绪，但不接受此刻哭闹的行为”。家长可以说：“宝宝，妈妈知道你很生气，但你这样哭闹，妈妈不知道你到底需要什么，等你平静下来的时候，请你告诉妈妈，妈妈才能帮助你。”

2—“忽视”原则：少言少语少关注。父母在这个时候记得不要碎碎念、抱孩子或者有其他的肢体接触，请给孩子一个相对独立的空间，然后采用短暂“忽视”的原则，家长做自己的事情但随时观察孩子行为的变化。

当宝宝安静下来的时候，问“现在可以和妈妈说说，还是你再需要一点时间呢？”如果孩子点头觉得准备好了，家长可以开始与其进行沟通。

在沟通过程中，第一要告诉孩子这样的行为是不对的，要用什么样的行为表达自己的所需；第二，提供解决问题的方法，让孩子选择；第三，给孩子鼓励，让他感觉到自己的正确行为得到重视，从而养成良好习惯。

家长小贴士

（1）预知性：如果有些情况带有预知性，要提前和孩子说好。例如：每次孩子出去看到玩具就一定要买，那么在出去之前就要和宝宝说好，今天我们出去不买玩具或只能买一件玩具，并且在去商场的路上还要时不时地进行提醒。

(2) 一致性：孩子在很小的时候就开始试探家长在各个方面的接受度和承受力。因此对孩子的一些无理要求，家长的回答一定要一致。否则就会出现，某些家长对孩子行为管理的失控，在孩子心里逐渐失去家长的威信。

(3) 持续性：孩子的行为管理是一个长期的过程。行为管理的方法一定要持续才会有效。

哭吧哭吧不是罪

在很多宝爸宝妈看过文章《让我一次哭个够》后，已经可以很好地应对用“哭闹当武器”的小哭神。同时有很多细心的爸爸妈妈，都在问我“Linda老师，那么如何帮助宝宝处理他们的情绪呢？”

孩子虽然小，但在情绪上却和我们成人一样，他们会生气、难过、挫败、嫉妒等等，情绪体验多了，但处理情绪的方法却没有，唯一的方法就是“哭”。面对宝宝用哭闹表达情绪，家长的处理方法大有不同。

错误的方法

- 压抑宝宝：“不许哭，忍回去”。情绪的压抑会让孩子无法疏导，以至于后续我们会看到很多孩子不会讲而是用暴力进行发泄。
- 转移情绪：“你看看电视多好玩呀！”这个方法，在1岁前还是可以使用的。因为那个时候宝宝的认知和语言水平还比较有限。但在1岁以后宝宝可以通过家长的语言、面部表情、语音语调来明白家长的沟通目的。所以这个时候，家长要教会宝宝如何面对情绪、处理情绪和表达情绪的方式方法，而不是一味地转移。

- 忽视宝宝："哭，我就不理你"。这句话我也经常在早教中心听到。多半这个时候，是家长已经失去耐心，又怕自己发火，于是逃避和避免与孩子的交流。宝宝出生后的第一个需求就是安全感，由于自己还小，很怕被父母遗弃。有很多家长会用"不理你"或者"不要你"来吓唬孩子。在"安全感"被威胁的时候，很多孩子会忽略当下自我情绪，主动和家长说"妈妈，我错了。妈妈对不起"等语言来讨好家长，从而获得家长对自己的关怀和关注。但孩子并没有从中学习到面对自身情绪及处理情绪的正确方法。

看了以上的情景是不是有些熟悉，那么我们如何帮助宝宝学习正确的情绪表达和管理方式呢？

父 母 锦 囊

❖ 平行视线

沟通是通过语言和肢体语言结合在一起完成的，肢体语言在沟通中起到70％的作用。无论孩子的哭闹是什么原因，对于哭闹所取的行为我们不接受，但哭闹表象下的情绪我们都是要接受的。当孩子开始哭闹表达需求，家长第一时间，要蹲下身体，保持在和宝宝平行视线的姿势。让宝宝感觉到家长是要沟通，而不是要指责和命令。

❖ **共情并标记情绪**

共情可以说是教授宝宝管理情绪的最重要的一步。这个时候家长需要冷静下来，不要被孩子的哭闹所影响。在早教中心经常看到，孩子哭了，家长急了，接下来就是家长不仅没能教孩子，还把自己气得够呛。共情就是家长要和宝宝将心比心，体验宝宝的感受，接纳宝宝的感受并对宝宝情感作出恰当的反应。例如：

- “小朋友把你的玩具抢走了，你一定很生气。”
- “妈妈上班去了，你现在不能和她玩了，你有些难过。”
- “积木搭了好几次都倒了，你一定很挫败。”

❖ **提供时间空间和方法**

之前用过这套方法的家长都和我反馈说，“Linda老师很神奇的，当我表示了理解，孩子哭闹声马上就小了。”这个就是共情让孩子感受到自己被接纳。但与此同时我们还需要借情绪体验学习处理情绪的方法。例如：

- “你现在这么生气，妈妈没有办法帮助你，你可以在旁边安静一会儿，等你不哭了，妈妈再和你讲。”
- “你现在这么难过，是要一个人稍微安静一会儿，还是你想找爷爷奶奶一起玩一会儿？”
- “你现在感觉挫败，要不要妈妈和你一起搭积木，还是你自己想再尝试一遍呢？”

起初家长通过建议的方式让孩子找到处理情绪的方法，随着宝宝成长，他们会习得这些情绪处理方法并且会举一反三地提出属于他们自己的情绪管理方法。

每次宝宝的哭闹其实都是一次情绪体验，如何利用这次体验，让宝宝学习情绪管理方法并成长，是每一位家长都要面对的课题。面对小家伙的哭闹，冷静、接受、教育，你准备好了吗？

当宝贝怨天尤人时

孩子跑得非常快，一不小心撞到了小板凳，趴在地上哭了。奶奶飞奔过来，用力地拍打小板凳，嘴里念念有词“臭板凳臭板凳”，孩子这下子找到了替罪羊，学着奶奶的样子用力拍打小板凳，嘴里不停说“臭板凳，不和你玩了。”

凯凯喜欢文文哥哥手里的车子，但哥哥没玩好不给凯凯，凯凯生气了开始哭闹。妈妈来了说了句：“这哥哥都不让着弟弟，真不像个大哥哥，我们走了，妈给你去买。”

上面的情景是不是有些熟悉呢？

而同时又有另一批家长，当孩子摔倒的时候，会狠狠地说孩子“和你说过多少遍了，跑吧跑吧，你看摔了吧！”或是爸爸面对儿子的摔倒，冷冷地甩下一句“自己起来”。而这个时候有些天性比较敏感和没有安全感的孩子，这一刻就会感觉自己的爸爸妈妈是不爱自己的。

那么怎么才是合理的方式呢？我们的一生一定会犯错误，会跌倒，跌倒的时候我们需要正确地面对，不怨天不怨地，积极地解决问题，让生活更加美好。如果只是把不愉快的经历归结为环境或者其他人，其实当下会感觉情绪得到了转移和宣泄，但对于成长来讲是没有益处的。而另一方面，当我们跌倒或者做错事情的时候，我们更多地需要家长的陪伴和鼓励，而不是冷冷的指责。

案例分享

之前在加拿大的时候，很多家庭都会养很大的狗狗陪伴孩子一起成长。但是孩子在与狗狗互动中，有的时候轻重拿不好，会造成宠物出现一些自我保护的行为。朋友家有个30个月的小男孩儿亨利(Herry)，还有一只两岁多的大狗杰克(Jacky)。亨利和狗狗一直都非常友好，但也有调皮的时候。有一次我到他家做客，亨利在狗狗吃饭的时候调皮地拉狗狗的尾巴，在几次拉尾巴后，狗狗有点急躁了，于是回头给了亨利一个小小的警告，发出非常低沉的呼呼声音。这个时候我本以为妈妈会说狗狗不可以凶小主人。但亨利妈妈的一番话，给了我很大的启发。

妈妈轻轻地走到亨利身边，看着亨利的眼睛非常坚定地说："狗狗在吃饭，你的举动已经打扰到他了，如果你继续这样做的话，我想狗狗会非常生气。当狗狗生气的时候，因为他不会说话，他可能只能用咬人来表达他的不开心了。所以妈妈希望你在狗狗吃饭的时候不要打扰他，等他吃好了，他会一起和你玩儿。"

这段话一说完，小亨利马上就安静了，但我没想到这小家伙转头又去拉狗狗的尾巴。果然如妈妈所说，狗狗这次回头恶狠狠地朝亨利大叫了两声。小家伙这次吓到了，回头跑向妈妈，哭着说“狗狗不好，狗狗要咬我，我再也不和狗狗玩儿了。”越哭越伤心，越哭越觉得委屈。

这个过程我始终观察亨利妈妈的举动，在亨利哭的过程中，妈妈没有讲任何道理，也没有再去指责亨利，只是静静地看着小家伙等他哭完。大概十几分钟后，小家伙开始平静下来，委屈地看着妈妈，期待妈妈能够为自己出口气。

“亨利，刚刚狗狗凶你，你一定吓到了。是吧？”妈妈问。

亨利猛点头。

“那么你有想过为什么平时很温顺的狗狗这个时候会凶你吗？”妈妈的问题引发了亨利的思考。

“狗狗吃饭的时候不喜欢别人打扰他，妈妈刚刚已经和你讲过了，也希望你能等待他吃完饭再一起和他玩儿，是吗？”妈妈继续问。

亨利这下默默地把头低下了，他应该知道了是自己错在先，不能说狗狗不好。

“那么，你现在还是很想和狗狗一起玩儿的对吗？那么我们要怎么做呢？”妈妈进一步启发亨利。

“Wait（等）”，亨利就说了一个字。

“对了，等狗狗吃好饭，我们再一起和他玩儿。妈妈给你一个狗狗零食，等狗狗吃好饭，你给他，我相信他不会凶你，还是会喜欢和你一起玩耍的。下次我们要记得，在狗狗吃饭的时候不要去打扰他，ok？”妈妈鼓励亨利用正确的方法去和狗狗再互动一次。

事后我和亨利妈妈聊天，我问：“你真不怕亨利第二次去拉尾巴,狗狗真的咬他怎么办呀?"

亨利妈很淡定地和我说:"以我对我儿子的了解,我知道他会去再尝试。我也知道我家狗狗会真的凶他,但不会伤害亨利。在我还能够预料的情境下,我想让亨利学会尊重所有的生命,并且学会为自己的行为承担后果。"

在宝宝成长过程中,会遇到很多未知的挑战,如何面对挫折?如何面对伤痛?如何面对别人的不友善?如何面对别人的拒绝?遇到这些困难的时候,很多家长会本能要去保护孩子,要么包办代办,要么转移逃避,要么转移到环境和其他人身上?于是我们的宝宝开始学会了,遇到问题找借口,遇到困难搬救兵。而亨利妈妈的一番话给了我们另一种教育观念的启发。其实很多"不愉快"的经历才是成长中难得的大礼包,作为父母我们要学会耐心地和宝宝一起拆开这个有点难看的包装,去收获生命的礼物!

一切没有准备的分离都是不负责

在早教中心偶遇几位家长，他们不约而同地问我了几个问题：

- 为什么我的宝宝无法独立进入教室？
- 为什么无法独立和其他小朋友玩？
- 为什么我的宝宝到陌生环境就寸步不离我？

我问了家长几个问题

- 你每次和宝宝分离的时候有没有正式和宝宝说再见还是偷偷跑掉了？
- 宝宝第一次表现出对陌生人的不安，有没有给宝宝充分时间适应还是强硬地将宝宝让陌生人抱？
- 宝宝到陌生环境有没有示范父母对环境的喜爱还是就是硬生生让宝宝自己去适应？

如果你硬生生地让宝宝与你分离去适应新环境、新事物、新人，那么一切没有做准备的分离都是不负责，很多时候会适得其反。面对分离要根据孩子的个性，步步为营。

首先看看宝宝是哪种类型：

1. 随和型

平时有固定的作息饮食时间，敢于探索新的环境，平和、高兴地面对新环境，适应能力强。

2. 慢热型

在新环境中刚开始不会一下子投入而是观察，但随着对环境的熟悉，开始大胆起来，慢慢去探索，甚至后来非常活跃。

3. 较困难型

不固定的作息和饮食时间，对新环境的适应能力较弱，害怕新的环境和人，非常容易焦虑、着急、紧张。

相比于前两类型的婴幼儿，在同一环境中第三种类型的婴幼儿面对分离更加困难。

每一个孩子心底都有一种恐惧，怕与父母分离、怕被爸爸妈妈遗弃，如何让孩子正确健康面对每一次分离呢？

分离焦虑

随着孩子的成长，父母面临着重新回到工作岗位的现实，这时候孩子已经和父母建立了非常深厚的感情，婴幼儿对主要照料者产生了非常强的依恋。孩子分离表现的激动情绪让父母们感觉内疚、担心、焦虑。首先我们要说的是孩子出现分离焦虑是孩子和父母之间健康依恋发展的正常表现。随着认知的发展，孩子慢慢会逐步认识到家长离开还会回来，并且在这个过程中孩子会逐步学习如何调整自己的情绪并且会变得慢慢独立起来。

症状

当父母离开，哭闹不停，在新环境中表现出不开心、不愿参与、不愿互动。

父 母 锦 囊

1. 分离前的准备

提前几次到新环境和宝宝一起与陌生人群进行互动，让宝宝在分离前对新的环境有一定的熟悉度。分离过程中可以通过渐进式，先分离1小时然后半天然后全天。

另外在每一次分离前建立固定的互动方式，比如：读一本书，玩一个游戏，唱一首儿歌。让孩子提前预知当这个活动结束后爸爸妈妈就要离开了。

2. 分离

给孩子积极的信息，微笑、热情的拥抱，并看着孩子的双眼告诉孩子爸爸妈妈下班后马上来接他回家，让孩子确认父母一定会再回来。特别注意家长要与即将照料孩子的陌生人保持友善的关系，给予充分的信任。有些家长在与孩子的分离中，不断地嘱咐陌生照料人，这无形中给孩子负面的暗示，就是父母不相信对方可以把自己照顾好。因此在分离的时候，家长一定要避免重复叮嘱。而是要非常积极乐观地预祝孩子在新环境中度过愉快的一天。

3. 离开

当要离开的时候一定说到做到，不要反反复复，家长的反复会让孩子将自己的哭闹和爸爸妈妈不走了联系起来，这样会让孩子后续在父母离开后的情绪波动更大更加焦虑。

很多时候我看到这个阶段对于很多家长显得非常困难，有些孩子转头就走完全没有表现出对家长的眷恋，家长反而不适应了，不断地提醒孩子自己要走了，非要把孩子招惹哭了才感觉到孩子是爱自己的。而另一批家长就是反反复复，本来在老师的引导下，孩子已经准备好，但父母离开后又回来说是给孩子一个拥抱，其实是自己无法面对孩子的离开，于是孩子最后的防线崩塌了，开始哭闹要求爸爸妈妈带自己走。更有甚者就是直接抱走了，说改天再来。但是下一次的分离会比这一次更难。

家长小贴士

- 尽量避免将8个月到1岁之间的孩子全托给别人，因为这个时候“分离焦虑”刚刚开始，孩子的反应会特别大。
- 尽量避免孩子疲惫、饥饿和没有休息好的时候将孩子托给别人。
- 如果家长要开始返回工作，准备将孩子托给其他人照顾。请家长提前将照料人请到家里在孩子熟悉的环境中和孩子互动。当孩子和照料人逐步建立信任后，家长可以短时间离开，然后返回，让孩子认识到爸爸妈妈虽然不在自己的视线里面，自己仍然是有人照看的。

教孩子管理社交圈

在成长的过程中,孩子和成人一样需要建立自己的社交圈拥有自己的好朋友。如何从家庭中的独立个体慢慢融入同龄人的生活,是需要时间和不断学习的。各阶段所需要具备的社交能力是辅助孩子融入社交圈的基础。那么作为父母我们需要如何帮助宝宝去创建社交圈并且让宝宝学会管理社交圈呢?首先家长需要了解宝宝社交发展的基本规律和每个阶段社交发展的行为特点。

非社交活动 (Solitary Play)

非社交活动通常是指单独游戏和一些旁观行为。单独游戏和旁观行为就是指宝宝主动或者被动地选择独自游戏或者观察别人玩耍。当家长通过仔细观察确认孩子一直处于被动地单独游戏或者不会和其他孩子一起玩耍时候,家长需要介入或请专业人士帮助孩子逐步融入集体环境。

案例分享

贝贝24个月，平时多半时间喜欢自己玩，别的小朋友一起玩玩具的时候，只在远处观望，但回家后都要爸爸妈妈给她买相同的玩具然后一起玩。

孩子不愿意参加集体活动的原因有很多，例如天性比较害羞，不喜欢人多；或者对集体活动不感兴趣；或者是感兴趣但不知道如何切入到活动中……

通过对贝贝长期的观察和分析，贝贝不愿意参加集体活动的原因是因为小的时候和同年龄孩子交往的机会较少，缺少切入伙伴游戏的技能。

孩子在一个陌生环境和不确定的环境中时，会通过“社会参照”也就是从信任者那里获得相应的情绪信息，也就是看爸爸妈妈如何处理，他就如何处理。因此当孩子不愿意参加活动的时候，首先家长要表现积极的态度和参与度，然后以家长为媒介逐步帮助孩子过渡到集体活动中。

- 增加孩子和其他同龄伙伴互动的机会。由原来来早教中心每周一次，增加到两到三次。让孩子习惯和适应集体生活。
- 以家长和教师为桥梁增加孩子和其他小朋友互动的机会。
- 当孩子对其他小朋友进行的活动表现出感兴趣，首先家长或是老师示范切入伙伴游戏的方式。

当贝贝看到小朋友在玩耍却不敢上前时，在得到对方家长的允许后，妈妈要先主动参与到小朋友活动中。蹲下在孩子的平行视线内，主动和小朋友说话，例如：其他孩子在搭积木，妈妈说“你们如果再加一块积木就可以把房子搭高。”或者是通过在原有基础上添加新的内容来切入活动。妈妈在和其他小朋友搭积木过程中，要表现得开心，然后慢慢将积木递给贝贝，问贝贝是否愿意参与。

- 如果贝贝不拒绝，妈妈可以拉着贝贝的小手一起搭积木；又或者让贝贝在距离自己很近的地方去逐步参加其他孩子的活动。
- 在玩耍的过程中，由于妈妈在场和起到的过渡作用，会让贝贝增加与其他小朋友互动的自信心，特别是妈妈的示范，让贝贝学习切入同伴活动的技巧。

平行游戏 (Parallel Play)

所谓的平行游戏多半发生在3岁前的小朋友之间，家长如果仔细观察会发现很多宝宝会在同一场所玩耍相同的或者不同的玩具，但互相之间没有互动和交流。平行游戏互动是孩子融入集体活动的非常关键的一个过渡期。孩子开始慢慢从自我为中心的阶段脱离，开始接触父母亲朋之外的社会群体，从而为下一阶段幼儿园等集体生活做前期准备。家长如果在这个阶段做好充分的准备工作，可以大大减少后期宝宝因为直接进入幼儿园而产生的分离焦虑和不适应。

即使在这样的阶段，我们经常会看到很多宝宝来到早教中心后，总是躲到妈妈的身后，当有小朋友主动把玩具给到他们的时候，他们的反应要么就是转身躲开，要么就是眼巴巴地看着家长，然后说“妈妈拿。”又有些宝宝虽然很想玩某个玩具，但只要有其他小朋友在玩儿，他们就只是旁边看小朋友玩，邀请他一起玩的时候，宝宝就会说“怕，走吧。”而终于轮到他玩玩具的时候，只要有其他的小朋友靠近，宝宝就马上把玩具放下跑回到家长的身边。

以上这些宝宝，都存在着无法从非社交游戏阶段顺利过渡到平行游戏阶段。如果在3岁之前家长没有给到足够的重视和关注，就会造成孩子在后续进入幼儿园的时候与小朋友社交出现一些障碍。

父 母 锦 囊

❖ 提供与同龄孩子交往的机会。

很多家长都会说我的宝宝特别喜欢和大一些的孩子一起玩耍，但是和同龄小朋友就不行，这是为什么呢？

当宝宝在和大孩子一起玩耍的时候，一般来讲大的孩子都相对来说会比较照顾小的感受，会比较让着小的。而当和同龄孩子一起玩耍的过程中，由于年龄相当，认知和需求都差不多，这个时候孩子之间很容易产生冲突和矛盾，容易产生挫败的情绪。但是毕竟宝宝在进入幼儿园后还是需要与同龄小朋友相处的，所以在入园前，帮助孩子创设一个同龄的宝宝社交圈就显得格外重要。这个阶段社交环境可以选择一下的形式：

（1）亲朋好友的聚会：特别是如果有同龄的宝宝，就要多多互动。

（2）举办亲子妈妈帮：身边的同事、邻居或者朋友有年龄相当的宝宝，可以多多创设机会让宝宝们在一起玩耍和游戏。

（3）参加早教中心亲子活动或者课程：一般早教中心的班级孩子月龄段在低龄阶段上下都不超过3个月，对于处在平行游戏阶段的宝宝来讲是非常适合的社交圈。

❖ **提供活动的空间**

（1）家庭环境的布置，有专用的孩子和父母互动玩耍的空间。

（2）早教中心的外场活动中心。

联合游戏（Associative Play）

随着孩子和同龄小伙伴接触机会的增多，慢慢地我们会发现孩子们开始自发地组织一些游戏，在游戏活动中，他们或许会交流或许会模仿活动中的其他宝宝，又或许会相互传递玩具，但没有共同的目标或较多的协作关系，这种交往方式叫作“联合游戏”。这个阶段区别于上一个阶段“平行游戏”，孩子们不只关注于自己的玩耍，而慢慢开始关注身边的小朋友，开始有一些语言肢体上的交流和互动。但这个阶段与真正集体活动中的互动关系还是有区别的。

父 母 锦 囊

❖ **提供多种可以增加孩子互动的玩具和互动空间**

（1）过家家的相关物品。

（2）各种服饰和装饰。

（3）同类玩具若干。

❖ **家长多多参与**

（1）扮演活动中的某个角色。

（2）通过玩偶扮演故事中的角色。

（3）通过各种语音语调面部表情的变换对孩子表达的一些情感进行回应。

合作游戏（Cooperative Play）

合作游戏和联合游戏最大的区别在于孩子除了自发组织在一起以外，他们开始慢慢有同一个目标，并且通过角色的分配，事项的安排最后协作一起达成该项目标。这个过程中，我们会发现孩子展露不同的个性，有的喜欢领导人，有的喜欢安排，有的喜欢听别人说不发表意见，他们沟通、他们争执，如何表达自己的想法，如何坚持自己觉得对的地方，最后达成默契，可以说在这个过程中，孩子通过不断参与和互动对他们今后的社会交往起着至关重要的作用。

父 母 锦 囊

- 让孩子多多参与同年龄人的活动。
- 家长在日常生活中多多与孩子沟通。
- 对待同一件事情可以有不同观点，没有对错，鼓励不同。
- 多多一起出去旅游，让孩子有机会和新环境中的人事互动，扩大视野。

通过以上的介绍，家长对培养孩子的一些简单的社交能力有了了解。当孩子具备了良好的和同伴交往的能力后，家长能做的就是为孩子建立一个小小的社交圈，并随着孩子的年龄的增长和兴趣爱好的增加逐步扩大这个社交圈。

家长小贴士

寻找一个能够促进孩子和环境互动的活动空间

（1）人：同年龄或年龄相近的小朋友。

（2）事：孩子感兴趣的活动，可以是有专业老师组织的，也可以是家长组织。

（3）物：为了避免孩子争抢，需准备适合该年龄段孩子玩耍的玩具多样。

（4）境：环境中的灯光、温度及家具的布置和摆放都要适宜孩子安全玩耍。

咱家孩子合群吗？

在早教中心接触的大部分家长都是70后、80后，他们步入社会都已接近十个年头，对自己的生活幸福度、职业的发展前景等都有了新的反思。无论从事何种职业，目前生活状况如何，大部分的家长都发现社交能力在生活和职场的重要性。

于是家长们开始格外关注孩子的社交能力。怎么结交朋友？怎么和别人打交道？能否融入集体？所以在早教的咨询和沟通中，1～3岁很多家长都会经常问的问题是："Linda老师，我的宝宝不合群怎么办呀？"

首先对于合群的定义，家长必须要有明确的了解，不同年龄段的宝宝的合群标准是不同的。

宝宝合群的表现

1～3岁

表现1：当宝宝在玩某个玩具的时候，其他小朋友前来观看或是有要求互动，此时宝宝可以继续在原地玩耍不躲避。

表现2：当其他宝宝在玩某个玩具，自己宝宝很感兴趣的时候，可以主动靠近对方，在旁边观察或要求参与。而不是一直要等到对方离开才过去玩玩具。

4～6岁

能够在游戏中，主动找到属于自己的角色，距离游戏团体的距离不超过2米以外。角色可以是：游戏中的领导者、执行者、跟随者、观察者等。

如果我的宝宝不合群要怎么办？

首先家长需要问自己几个问题：

- 在家里如果有小伙伴来，宝宝的反应是什么？
- 大部分都是熟悉的人，到了陌生环境，有小伙伴，宝宝的反应是什么？
- 到了陌生的环境周边都是陌生人，有小伙伴，宝宝的反应是什么？

通过以上的自检，家长可以初步判断，让宝宝产生不安和不愿意与群体中的小伙伴接触的主要的原因是：环境或是陌生人，还是两者都有。接下来就可以“对症下药”啦！

案例分享

贝贝30个月，家长反应在家很疯，但一旦家里来小朋友或是陌生人，就会不安，不和人家打招呼，也不太和人家玩，一到新的环境，特别是这个时候若再没有熟悉的小朋友，就变得很安静，要么黏着家里人寸步不离，要么就是闹着要离开。不要说和小朋友互动了，小朋友靠近都不可以。

在大量家庭的早教咨询中，这样的案例很普遍。由于现在宝宝和我们小时候生活的环境有很大的差异。小时候的我们可以在弄堂和胡同中与小伙伴们嬉戏玩耍，而现在的宝宝们多是在单元房看电视玩iPad，忙碌快节奏的都市生活，也难得有家庭聚会与小伙伴嬉戏玩耍的机会。于是就出现了很多月龄达到，但社交能力远远发展滞后的宝宝。

针对贝贝的情况，我给出的调整方案为四步骤

1—环境：在熟悉的环境中与陌生小伙伴互动

贝贝在家（熟悉的环境）都体现出与小伙伴的相处互动困难，在陌生环境中自然就更难。因此首先要做的是在贝贝熟悉的环境中，加入陌生小伙伴。家长需要经常邀请小区或是朋友的小伙伴到家里玩耍，在玩耍的过程中，由家人做桥梁，帮助贝贝与小伙伴互动。例如：不同的玩具各一件，家长做桥梁鼓励交换；同样的玩具若干，家长做裁判进行比赛或者角色扮演。

2—环境：熟悉陌生环境

第二步就是要让贝贝能够在其他环境和小朋友进行互动，这一步需要家长参与的程度很高。很多时候宝宝对一个环境的认可与否很大程度上取决于父母。面对贝贝在早教中心不安的情况，安排家长每隔一天都来早教中心玩耍一次，玩耍的过程中家长需要表现出极大的热情度，对环境中的人、事、物积极互动，为贝贝进行好的示范。

3—人物：熟悉环境＋熟悉小伙伴

经过1个月的适应后，贝贝已经能够很好地在早教中心外

场进行玩耍，和老师们能够达到语言互动但不可以抱和亲，于是这个时候就可以让贝贝与熟悉的小伙伴进行互动。熟悉的小伙伴中我们选择了活泼大胆的萌萌作为贝贝的“安全岛”，在萌萌的带领下，贝贝开始逐步离开父母安全区（之前只在父母身边2米范围内活动），区域逐渐可以拓展到整个外场活动区。

4—人物：熟悉环境+陌生小伙伴

在早教中心的3个月互动学习后，贝贝开始掌握了一些基本的社交技巧，并且自信心开始有了很大的提升。这个时候适时地介绍一些陌生的小伙伴给贝贝认识，贝贝也开始不逃避。例如：老师手上有很多玩具，让贝贝分发给其他小朋友；鼓励贝贝拉其他小朋友的小手一起表演节目。

宝宝在成长过程中，社交发展是很难单独在家庭教育环境中完成的。这期间宝宝需要家长为他们创设社交圈，其中包括安全适龄的活动空间、适龄个性不同的小伙伴，以及家长根据自己宝宝个性发展进行的示范与引导。在这样的环境中，宝宝们会大胆地去探索环境、接触小伙伴，在人生第一个社交圈中，认识自己并找到属于自己的位置。

大的不要让着小的

在早教中心，孩子们之间冲突时时刻刻都在发生，面对这样的冲突，家长的"止冲突大法"基本为四大类：

- 大的让着小的
- 乖的让着凶的
- 剥夺权利两个都不允许再玩
- 转移大法

面对这样的"止冲突大法"，我看到是很多孩子自身应得的权利被剥夺，在大人的要求下必须服从；又或者宁死不屈的，结果是大人把玩具硬性拿走，全然不顾孩子真实的感受。这个时候，我都会问家长，你的方法适合吗？你的孩子在这种冲突中学到了什么？

孩子间的冲突不可怕，冲突间的眼泪和哭闹不可怕，最可怕的是家长没有尊重孩子，剥夺了孩子学习维护自身权利的机会。于是有一天，当他们看到孩子变得懦弱、变得不愿意争取、变得也是用暴力去解决问题的时候，又懊恼百般。

案例分享

轩轩，男孩，33个月，是中心出名的小霸王，只要他要玩的玩具，别人根本碰不得，他会先打对方试图抢回，如果没有成功，就哭闹让妈妈帮他拿回，妈妈束手无策。

妞妞，女孩，38个月，文静乖巧，刚到早教中心不久，还在熟悉和探索阶段。两个宝贝都在外场活动中心玩耍，轩轩已经基本包揽了外场所有积木。妞妞在不远处，收集到两块拼接积木，开始玩耍。被轩轩看到，于是他走向前，准备将妞妞的两块也收入囊中。妞妞的第一反应是拿起积木放在背后藏起来，轩轩怎肯罢休，指着积木开始撒泼"我要，我要那积木。"无论妈妈怎么劝导和沟通，都不罢休。"我们已经有很多了，你看那边不都是你的。"妈妈尝试转移轩轩注意力。而轩轩就是不让步，一边哭一边要开始过去抢了。妞妞爸爸见状，一方面担心女儿被轩轩打到，一方面看到轩轩哭闹不太好意思，就回头和妞妞说，"乖，我们把积木给弟弟玩吧！"乖巧的妞妞，把积木从后背拿出来，眼中充满了留恋。爸爸又补了一句，"乖，你是姐姐，让着点弟弟。"妞妞把两块积木塞给了轩轩，但一头倒在爸爸怀里，充满了委屈(3岁之前的孩子，大部分通过肢体语言表达自己的情绪)。此时轩轩的妈妈，不停地感谢，"快和姐姐说谢谢。"轩轩哪里懂得感谢，只顾自己高兴，占有欲得到了充分的满足。

看到眼前的这一幕，一个是霸道任性不懂感恩的轩轩和一个是乖巧懂事委曲求全的妞妞。在获得两位家长的允许后，我开始参与并示范给两位家长如何干预冲突，并教育孩子。教育不只是告诉孩子什么是错的，更要教会孩子什么是对的。

第一步：让妞妞学会维权

我和妞妞又在附近找到了几块积木，我知道这个时候轩轩一定会过来抢。轩轩过来抢的时候。我第一时间询问妞妞，“这个积木你玩好了吗？如果你没有玩好，我们告诉弟弟说我还没有玩好，等我玩好了再给你。然后问问弟弟要不要玩旁边的车子。”妞妞做得很好，一字一句地告诉轩轩她的宣言。

被大家宠坏的轩轩，哪里听得进去，伸手就过去抢，这个举动被我制止了。我把轩轩拉到一边，开始进入第二步。

第二步：让轩轩学习用沟通协商解决问题

因为是陌生人，轩轩反而收敛了很多，我把他叫在旁边，问他，“你是不是想要姐姐手里的积木？”轩轩一看我懂得他的意思，猛点头。“小姐姐还没有玩好，你可以等一会儿，或者可以用另一个玩具问问小姐姐要不要换一换。”当面对冲突的时候，家长提供双赢的解决方法是非常关键的。轩轩瞬间眼睛亮了一下，在他的世界中，好像只有抢夺然后被家长指责来获取自己所需，而没有协商沟通和平解决的时候。

第三步：让双方协商解决问题

我带着轩轩走到妞妞面前，鼓励轩轩表达自己的想法。这小家伙学得很快，开口就是“小姐姐，书给你，积木给轩轩。”妞妞意会了轩轩的意思，但还是有些犹豫。这个时候家长一定要等待而不是强迫。“妞妞，你如果想和轩轩换一换也行，或者你也可以告诉轩轩我还没有玩好，等玩好了我再给你。”我帮助妞妞阐述想法和提供选择(维护自己应得的权利并表达是非常关键的)。妞妞犹豫了一下,拿过了轩轩手里面的书,把积木给了轩轩。我表扬了妞妞的谦让,也表扬了轩轩的等待和用语言表达需求,两个孩子都高兴地玩耍起来。

在旁边的大人惊呆了,冲突没有带来眼泪,换来的是两个孩子的成长！轩轩的妈妈看到了希望和曙光,一直以来儿子的霸道和任性,让全家上下头痛,对家里大人没有尊重和感恩,更是没有小伙伴愿意和他玩耍。而妞妞的爸爸也第一次看到妞妞不再总是那么“乖巧听话”,开始勇敢地表达自己的需求和想法。

“大的让小的”在尊重事实和公平的原则上还是适用的,但请不要一刀切,让大的感觉委曲求全,让小的感觉一切都是理所应当。让孩子学会保护自己的权利,更要让孩子学会感恩,因为感恩的人才能在成长的路上走得更远！

行为篇

今天教育孩子了吗?

每次讲座结束后,总是会有很多家长投诉自己“屡教不改”的熊孩子。

“老师,你说这孩子和他说了多少遍不能打人,怎么就是不听呢?”

“老师,这孩子总是抢人家玩具,打也打了,骂也骂了,就是不管用呢?”

“老师,这孩子拿什么都丢,说了多少次了,就不听!”

“老师,她奶奶给她喂饭稍微快点她就用手打奶奶,说了多少次了,就不改!”

“老师,……”

而每次听到这样的问题,我都会问家长,除了告诉他不能打人、不能抢人家玩具、不能乱丢东西,爸爸妈妈还做什么了吗?

每每说这个的时候,很多家长都会一愣,还需要干什么吗?孩子做错事情我告诉他什么是不对的,这就是我要做的呀!从家长的角度上,在是非面前,让孩子明白什么行为是不可以被接受的，这的确没错。那么为什么孩子就是“屡教不改”呢？

案例分享

凯凯是个33个月的帅气小男孩，聪明伶俐，非常可爱。家里爸爸妈妈还有爷爷奶奶一起照顾凯凯的生活起居。一直以来凯凯的表现都不错，但最近一直出现小伙伴一靠近他就打人家脸的情况，只要出去几乎每天都要发生这样的冲突。爸爸妈妈对待这个事情很重视，觉得打人的行为是坚决要制止的。爷爷奶奶也非常支持，所以每次只要凯凯打人，全家人一定是把他领到一边严肃认真地“教育”一番。可是几个月过去了，一点效果没有。全家人都非常不解，到底是哪里出了问题。只听家长一方的言辞，很容易判定是孩子的问题，但其实很多情况一定要亲临现场，进行观察分析后才能进行最后的判断。

周末一家人来到早教中心，一进入外场，凯凯就飞奔向海洋球。这个时候，妈妈一边在外边喊一边紧跟着凯凯冲向海洋球，嘴里嚷着“好好和小朋友玩，别打人”。凯凯哪里管这些，头也不回地就跑没影了。在后续的玩耍中，我明显看出妈妈的紧张，有的时候凯凯还没有靠近其他小朋友，妈妈就在旁边提醒“别打人，别打人呀”。更有甚时，妈妈会一直拉着凯凯的领子，就像牵着一只小狗狗。凯凯虽然想挣脱，但总是会被家里人再抓回来，于是心情越来越烦躁。

正在这个时候，有个小男孩想拿走凯凯手里面的车子，凯凯以迅雷不及掩耳之势，给了对方一个大巴掌。这下可是被妈妈说中了,于是妈妈大发雷霆。“我怎么和你说的来着,不能打人,玩具不要玩了,你出来,让你爸爸和你说!”爸爸三步并两步冲过来,一把把凯凯拉到边上,然后开展了深刻的谈话。

当时的情景是父子两个都站着,爸爸以绝对的高度在和儿子对话,但可怜的凯凯尝试看了爸爸一会儿后就开始面对爸爸的双腿然后就是四下张望,就在等待爸爸放他走。

爸爸说:“不是和你说过不能打小朋友了吗?打小朋友是不对的,你怎么还打呢?你说是吗?”凯凯乖乖地回答:“打人不对。”“那打人不对,怎么办呀?”爸爸问。“说对不起。”凯凯答。就这样爸爸说了一大堆,凯凯都听着。直到爸爸说:“下次还打吗?”“不打了。”凯凯答。整个过程凯凯似乎对于该说什么该怎么回答都非常清楚,甚至在我看来整个对话已经非常流程化了。爸爸已经讲得非常清楚了,但我知道,凯凯只是知道了打人不对,但面对别人有可能抢自己的玩具,怎么才是对的呢?孩子却一无所知。所以在接下来的半个小时,凯凯又动手打了另一个孩子。这到底是为什么呢?

教训VS教育

当爸爸妈妈面对孩子出现的错误行为,我们通常会第一时间反应是不可以,这其中当然很多时候要伴随父母家人非常愤怒的神情、很大的声音和非常严肃的表情。甚至有的家长为了表明态度会责骂或者动手打孩子。这一切有的时候会在当下起到短暂的作用,但不久就会出现复发。主要原因在于家长们只教训了孩子,但没有教育孩子!

教训：是告诉孩子什么是错的。

教育：是告诉孩子什么事错的同时告诉孩子什么是正确的。

所以凯凯爸爸和凯凯互动中，凯凯只知道了打人是不对的，但下一次当其他小朋友想要拿走他的玩具，如果不打他玩具就被拿走，那怎么办呢？于是情急之下，也只有打人这一招了。

所以作为爸爸妈妈，千万要注意我们不仅仅要告诉孩子什么是错的，更要教会孩子什么是正确的。这才是真正的教育，举例如下。

教　训	教　育
凯凯不能打人，打人是不对的！	凯凯打人是不对的！下次别的小朋友抢你的玩具，我们可以说“我还没有玩好，等我玩好了给你。”
牛牛，不能丢勺子，再丢妈妈就不给你了	牛牛，勺子不是用来丢的。勺子是用来舀的，妈妈示范给你看，你来自己舀舀看。
奶奶给你喂饭，你还打奶奶，快说对不起。	奶奶给你喂饭，你却打奶奶，这是不对的。你觉得奶奶喂得太快，要说“奶奶你慢慢喂我，好吗？”

我捣乱因为我需要被接纳

在早教中心，经常看到很多小朋友给其他小朋友捣乱，面对自家的破坏大王，家长表示很无奈。其他小伙伴总是跑到自己面前告大状，罪状基本如下：

- 小伙伴的积木刚刚搭好，就被他推倒啦
- 小伙伴刚刚一起画好的画，就被他给撕掉了
- 小伙伴一起过家家，分配好的玩具就被他抢走啦

于是这些破坏大王的爸爸妈妈开始高度紧张并时时监督和进行训导：

- 要和小朋友一起好好玩呀！不能把人家的东西弄坏了呀！
- 你这样谁还和你做朋友呀！快点和小朋友去道歉！
- 总是捣乱，下次不要带你出来玩啦！

家长训斥、威胁、警告后发现完全不管用，捣乱分子不但没有改进，而且越演越烈，到后面干脆被老师和家长“隔离”了。

很多家长都在说，头痛死了，每天都被幼儿园老师和小朋友告状，到底怎么办呢？

案例分享

亮亮40个月，男孩，幼儿园老师总是说亮亮喜欢和其他小朋友发生冲突，被小朋友投诉最多的就是他，每次总是对其他小朋友合作的作品进行破坏，捣乱后跑掉，承认错误很快，但下次还是不改。班里的小朋友，一看到亮亮就马上躲开，没有小朋友和他玩，渐渐亮亮被其他小朋友隔离了。

很多家长和老师眼中的捣乱大王，由于长期没有找到正确的方法和其他小伙伴建立游戏和互动的良性关系，被隔离在社交圈外，但在他们心里其实无比渴望和小伙伴们一起玩耍互动。通过观察亮亮在早教中心和小朋友的互动中，我发现亮亮缺少了一项非常重要的社交技能。

同伴社交切入技能 (peer group enter skill)

家长们可能会问这是个什么技能？举个例子来说，很多时候我们在工作场合或是一些社交聚会上遇到过这样的情境。同事们或者先到的朋友们已经开始了某个话题的讨论，这个时候我们要怎么参与到话题中呢？与大家一起讨论感兴趣的话题、在旁边默默地倾听抑或是感觉无法参与话题悄悄地离开这个圈子。如果从社交的角度上来看，能够参与话题讨论一定是最好的。而这个时候如何切入话题，找到自己的角色其实是需要技巧的。同理在宝宝的社交圈子，这个时候孩子需要学习的技能就是“同伴社交切入技能”。

同伴切入技能的现场使用三大法宝

结合亮亮的案例我们看一下如何如何帮助孩子顺利切入游戏圈并且找到自己的角色。亮亮看到三个小伙伴在搭积木，之前亮亮由于缺乏游戏切入技巧。每次都是过去捣乱，这样小朋友就会把关注点转移到亮亮身上，虽然这种关注是负面的。同样的情境再发生，首先我们需要先引导亮亮学会观察并猜测其他小朋友搭建的是什么事物，最后猜测是高楼。

1—提供建设性的建议

任何时候提供建设性的建议永远是融入社交圈的必胜法宝。例如：“亮亮，小朋友们好像在搭大楼。如果能够在积木上面加上一块横的就更像摩天大厦喽！你手里有一块大积木你要不要和朋友们说，可以一起建摩天大厦哦！”

2—找到自己的小角色

在小朋友的社交群体中，会出现不同角色：领导者、执行者、不参与者等等。很多时候有些小朋友无法找到恰当的角色，就会出现通过破坏来获取关注。所以帮助孩子找到合适的角色是切入游戏的关键步骤之一。例如：“亮亮，小朋友们好像是在搭一栋大楼，你是要一起搭大楼还是在旁边搭一个汽车车库呢？”

3—提供帮助

在群体中适时给伙伴提供帮助也是切入游戏的有效方法

之一。例如："亮亮，你看现在小朋友在搭积木，你能帮助大家做些什么呢？"

在以上的情境互动中，亮亮选择了第二种，刚开始尝试在其他小朋友已经开始的搭建大楼的项目寻找角色，这个时候多半是执行者。但亮亮好像不甘于做执行者，他采纳了老师的建议搭建一个新的车库，小朋友们看到他的车库新鲜而且还摆了好多小车子，一下子被吸引了，大家都询问他是怎么搭的，车子是干什么的。亮亮第一次感受到被接受，于是开始非常自豪地为小伙伴做起讲解工作。虽然亮亮偶尔还是会捣乱，但在成长过程中，随着被集体接纳度的提升，捣乱的次数开始减少。后来老师也发现了亮亮身上的另一面，很有想法和创造力，很多时候成为小伙伴们自然的带头人，这样的进步让家长和老师们都感到惊喜。

成长中孩子总是有一些行为是需要我们静下来观察和思考的，行为是心理活动的表现，作为主要教育者的我们，在判断前更需要思考行为背后的真正原因。对症下药，捣蛋鬼也可以成为很优秀的伙伴领导者，亮亮可以，你的孩子也可以。

你被宝贝挑衅了吗?

在早教中心碰到几个宝宝家长在聊天,大致聊天内容就是:

- “你越是不让他干什么他越是要干什么!”
- “明明告诉他,你再这样妈妈就生气啦!他就故意再做一遍!”
- “同样的事情和他爸爸他就不敢,到我和爷爷奶奶这儿就根本不听!”
- “对的对的,还有扔东西,你越是告诉她不要再扔了,玩具不是扔的,你再扔妈妈就不理她了,然后她就越扔给你看!”

看到这里的爸爸妈妈们是不是感觉场景熟悉呀!你知道吗?如果你生气了,你就被宝宝挑衅了。

在建立行为规范过程中,宝宝这种“挑衅”行为很普遍,英文里面叫作“test limits”,即“探测底线”。让我们举几个例子,看看宝宝的心理小算盘在想什么?

❖ 为什么和爸爸妈妈在一起宝宝就自己吃饭，换了爷爷奶奶就没有了自理能力？

宝宝的心理小算盘：因为我知道和爸爸妈妈在一起不吃也不会喂。而爷爷奶奶就不同了，当我小嘴一撅不吃饭，他们会追我、哄我、贿赂我，于是我，哈哈，知道爸爸妈妈的底线是最多问我吃不吃，如果我不吃他们就真的不理我了，而且下午也没有吃的要等到晚上。爷爷奶奶嘛？呵呵，他们没有底线的，我可以看电视吃饭、可以一边跑一边吃，反正我想怎么都行。

❖ 为什么妈妈给她玩iPad玩一会儿宝宝就愿意配合还给妈妈，而到了爸爸这边每次要把iPad收起来就撒泼打滚哭闹一番？

宝宝的心理小算盘：妈妈每次都先和我说可以玩多久，然后过程中她会提醒我何时要还给她，如果到了最后我如果耍赖不给她，她还是会坚持说话算话，然后问我要不要玩其他玩具，iPad下次再玩。而爸爸，哈哈，他很少回家，我每次玩他的iPad不还给他，我只要一哭一闹，他就妥协了，再不然继续撒泼打滚，我的救兵爷爷奶奶就会来帮我说他，所以他们是没有底线的。嘻嘻。

❖ 为什么不让她扔东西，你告诉她再扔我明天就不给她吃糖了或者说不喜欢她了，人家照扔不误？

宝宝的心理小算盘：我长大了，原来我有一个特别的本领，就是我做错一件事情的时候，你会不停地关注我，而且你虽然说我扔东西你不给我吃糖，可是第二天你还是给我吃糖了，所以我扔东西和吃糖有关系嘛？所以呀，你到底底线是什么？我触碰了，也没什么后果嘛！

爸爸妈妈看到以上的三个小例子，心想“哎呀，一不小心，我被这小家伙给操控了？”呵呵，是的，你的宝宝在对你建立的规则探测底线，而你一次次防线被攻破，最后家里的小霸王就这样被制造出来了。

案例分享

球球爸爸和女儿在一起玩手机游戏，规则是“只玩一次”，游戏即将结束时，爸爸提醒女儿并要求归还，而且给出选择，后面的活动是可以给妈妈做礼物。面对好玩的手机游戏，球球希望能够继续玩游戏于是开始探测爸爸的底线。

球球的四次探测

1—拿着手机跑开，探测是否有机会可以再多玩一会儿。

2—将手机藏在被子下面玩耍，探测是否有机会可以再玩一会儿。

3—把手机放到沙发下面，探测是否可以躲过爸爸的监管。

4—拿着手机走开到房间另一侧，并开始发脾气将手机扔到地上，探测爸爸是否真的一定会把手机拿走并是否有什么后果。

爸爸应该怎么做？

1—冷静：无论女儿如何挑衅，爸爸一定要保持自身情绪的稳定，只有这样才有思考的空间，不被孩子的行为牵着走，将此次互动变为一次教育的好机会。

2—坚持：无论女儿用何种方法挑衅，爸爸都不能改变游戏的规则，就是“手机游戏只玩一次”，这点非常重要。很多家长因为孩子的哭闹发脾气或者老人的介入，就满足了孩子的无理要求，于是任性、霸道就有了滋长的土壤。

3—语言肯定但没有斥责：过程中，爸爸需要一直用非常肯定的语气告诉女儿，手机是一定要还给爸爸的。很多时候家长到后面就变成斥责和数落孩子，往往转移了最初的焦点。

4—说到做到：当最后一次宝宝用发脾气丢手机来再次挑战爸爸的底线，爸爸需要给出最后的警告“如果你继续扔手机，你将站在房间角落去反省”。女儿不相信再次挑衅，爸爸说到做到。在这个过程中让孩子明白触碰底线是要承担后果的。

5—反省并鼓励正确行为：当球球去罚站后，认识到自己的错误并和爸爸道歉后，爸爸需要让球球自己去把手机捡起来还给爸爸，并表示出对正确行为的认可和鼓励。这点也非常重要，很多家长在惩罚了孩子的错误行为后却没有教授给孩子正确的行为或是替代孩子收拾残局，这些都会让孩子的错误行为反复发生，出现家长口中的“屡教不改”，其实孩子是不知道怎么改。

家长小贴士

❖“警告”后果

探测底线的宝宝，心里不停地在想的是，如果我在逃避或者拖拖时间，是不是我就可以多玩一会儿；或者反正我就这么做了，妈妈也不会把我怎样；上次爸爸说我不听话他就不理我了，过会儿不还是理我了。所以家长要非常冷静并且用肯定的语气告诉宝宝后果，例如："如果你继续再用手打妈妈，妈妈会很生气，你也需要冷静一下，所以你要坐到你的小椅子上冷静一下。"让孩子清楚触碰底线的后果。

❖ **说到做到**

很多家长在建立规范性的时候，面对探测底线的宝宝，家长给出的后果都是逻辑后果而不是自然后果。例如：你再打妈妈，妈妈不和你玩了。但妈妈一会儿又和宝宝玩耍了。这样宝宝就会觉得没有后果。应该是"你再打妈妈，妈妈就生气了，那么我就会离开你一会儿先不和你玩了，你也需要自己坐到小椅子上冷静一下。"如果此刻，宝宝继续挑衅，妈妈可以执行上面的方案。不要因为老人介入或者孩子的哭闹而失效，否则长久以后行为问题将是家长最头痛的问题，也将成为孩子入托入园中最难调整的一部分。

❖ **事后反思**

孩子做错事情不可怕，利用好了是非常好的教育机会。当孩子在"受罚"期间，家长不是走开了，而是要时刻关注孩子的表现，当孩子表露出认错意思时，家长要开始和孩子讲道理，帮助宝宝反思为何被惩罚，原因是什么，如何可以做好，当孩子能够马上改正并做出正确行为要及时鼓励，这样慢慢的宝宝就会用正确行为替代错误行为。

其实宝宝每一次的探测和"挑衅"都是一次认识自己认识世界的学习机会，千万不要浪费这样的教育机会，帮助孩子学习成长。爸爸妈妈们，你们准备好接受宝宝的挑战了吗？

宝宝打砸抢为哪般?

面对孩子的行为问题,很多家长都很头痛:

- 总是和小朋友发生冲突然后用打人咬人解决问题。
- 总是抢小朋友的玩具。
- 总是生气的时候就吐唾沫。

面对种种的行为管理问题,总是会让我想起一个英文单词,是我在加拿大读书的时候,老师反复使用一个单词discipline:它的中文含义是“使有纪律;训练使有条理符合行为准则的行为。”但很多时候我看到家长教育孩子的时候更多是punish:惩罚。于是孩子只是知道什么是错的,却永远不知道怎么做才是对的。

在做早教家庭咨询中的这些年,我看到了很多“屡教不改”的孩子,也看到过很多“气急败坏”的家长。家长嘴上不停地说:

- 不可以打人,和你说过多少遍了!

- 你怎么又抢弟弟的玩具!
- 不可以吐唾沫喷人,你怎么不听!

但宝宝的错误行为不但没有停止,反而越演越烈,于是家长又给孩子贴上标签:总是打人、说话不听。

但很多时候我看到的是宝宝们的无助:

- 我的玩具被抢走了,妈妈说不能打人,可是怎么保护我的玩具呢?好像没有别的办法,那就打吧!
- 我现在很生气,妈妈说不能吐唾沫喷人,可是我很生气,我要发泄。好像没有别的办法,那就喷吧!
- 我很想玩弟弟手里的玩具,妈妈说不能抢玩具,可是怎么能得到那个玩具呢?好像没有别的办法,那就抢吧!

爸爸妈妈是不是看到好多个"没有别的办法",也看到宝宝的无奈呢?真正的教育是不仅要告诉宝宝什么是错的,更要教会宝宝什么是对的。

案例分享

诺诺30个月,每一次生气的时候就是丢东西,家里为了安全起见,大部分日用品都是塑料制品,要么就是放在高处不让诺诺碰到。可是在外边就没有办法了,在超市生气就扔货架上的东西,在外边吃饭就是扔餐具,家里人每次带诺诺出去都高度紧张。爸爸妈妈凶过、哄过,各种方法使用后都不见效。每次诺诺承认错误很快,但下次再犯。在一对一咨询观察后,我发现可怜的诺诺是真的不知道怎么办。

父 母 锦 囊

1. 父母冷静帮助宝宝标记情绪

宝宝任何的行为表现都有他当时特定的心理特点，很多时候都是一种情绪的表达。碍于情绪体验不断增加，但处理情绪的方法没有增加，就容易造成宝宝因为没有正确的方法而不断地使用错误的方法。这个过程中，孩子很挫败，家长很无奈。

在加拿大工作的时候就发现外国宝宝的情绪词语很丰富。最普遍的是每天和父母之间爱意的表达“I love you.”（我爱你）和小伙伴们之间“I am mad at you.”（我对你非常生气）。但由于文化的差异，作为中国父母的我们本身情绪词语就很少，所以如果要提升宝宝的情绪表达能力，家长首先要丰富自己的情绪词汇，例如：挫败、生气、失望、难过等等。然后每一次在宝宝有不良行为表现的时候帮助孩子认识自己此刻的情绪，例如：

— 刚刚妞妞拿走了你的玩具，你很生气。

— 你已经等了很久想要晨晨手里的玩具，但他不给你，你很沮丧。

— 妈妈要去上班了，你很想念她，很难过是不是。

2. 认识情绪并学习正确的情绪表达方式

很多家长往往在这一阶段出现带教问题，家长嘴里只会说“不是和你说过了吗？你怎么又……”

— 不是和你说过了吗？生气不能打人吗？

— 不是和你说过了吗？沮丧也不能抢玩具吗？

— 不是和你说过了吗？难过也不能丢东西吗？

这个时候的孩子是最无助的，他们不知道怎么做才是对的，正确的方法应该是：

- 妈妈知道你很生气妞妞拿走了你的玩具，下次其他小朋友拿走你的玩具，你可以告诉妈妈或者给那个小朋友另一个玩具把东西换回来。
- 爸爸知道你很难过，但丢东西是不对的。你下次再这么难过，可以到沙发上抱着小熊待一会儿或者告诉妈妈你很难过，让她再多陪你一会儿。

3. 现场练习及时鼓励

最后家长要注意的是，抓住机会教育，当下宝宝情绪平稳后，马上操练正确的情绪表达方式。

例如：诺诺，你刚刚是不是因为奶奶把你的玩具收起来了，你很生气？但丢东西是不对的。那我们现在去告诉奶奶说“让我再玩一会儿，再收玩具，好吗？”奶奶积极的反馈，会让诺诺获得自信心，明白原来可以有更好的方法解决问题。是用正确的方法代替了错误的方法，反复尝试和练习后，很快诺诺扔东西的问题就解决了。

如果遇到小霸王该怎么办？

有些家长反应，我的小朋友虽然以上的方法都用过了。但显然已经有点晚了，宝宝脾气很大，不高兴或者要求得不到满足就哭闹不停，更多时候还会伴随撒泼打滚加尖叫，老人舍不得就处处满足，口头上说“长大了，就好了”。但长大了，不但没有好转而且越演越烈，现在给家长分享三个小妙招。

妙招一：可以不可以请明示

很多时候孩子脾气越来越大是家长“培养”起来的，第一次哭5分钟本来不可以的事情，突然奶奶出来解围，不可以变成了可以。于是宝宝想只要我坚持哭闹就会有人来“拯救”我，于是哭闹时间就越来越长，脾气越来越大。因此家长请注意“可以就可以，不可以就不可以，不要因为哭闹，把不可以变成可以”。

妙招二：面对开关提前预知

很多时候宝宝不是不愿意配合只是父母提供情绪调整的时间太短，说不让玩玩具就要收，说要睡觉就要关电视，所以要提前给孩子一些预知，帮助宝宝情绪调整，3岁之前的宝宝，原则上是10－5－3－1，要提前10分钟就开始告诉宝宝10分钟后会发生的事情，在过程中提醒会帮助宝宝调节自身情绪，慢慢学会适应环境变化配合家长。

妙招三：学习用正确的方式表达情绪

宝宝情绪的表达方式比较激烈，家长要记住一句话“任何情绪都可以被接受但不是所有行为都被接受”。家长面对宝宝的各种情绪，家长要帮助宝宝认知情绪并且学习用正确的行为来表达，这样再次遇到生气、难过、挫败情绪的时候，宝宝就会运用正确的方法解决问题而不仅仅是发脾气。

每一个孩子的成长背后都有一对愿意成长的父母。情商的提升无年龄的限制，从今天开始让我们和宝宝一起成长吧！

第三部分

早教中的性格大碰撞

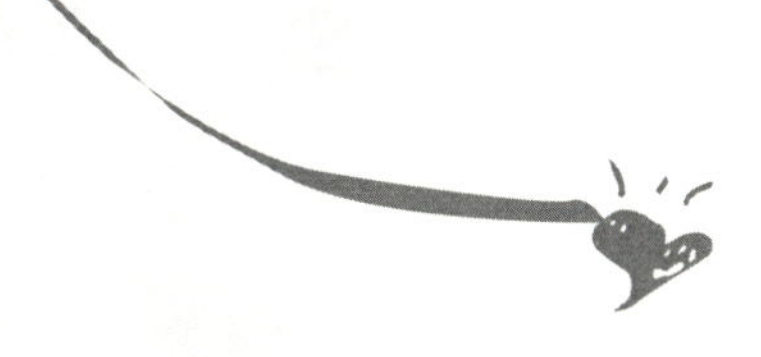

我们是孩子想要的父母吗？

每一对父母在孩子出生前无数次憧憬孩子的样子、性格及每个幸福的瞬间，但随着孩子呱呱坠地，家长们发现一切并不是如最初想象一般。这个时候很多家长开玩笑地说“生这孩子出来，老天爷应该配套一份说明书，这样养起来比较省力”。只可惜这本说明书永远都不会被寄送到，但这本说明书有吗？其实是有的，而且这本书的作者，就是你。每一个家长都可以通过了解孩子、走进孩子的心灵，然后自己去撰写一本专属孩子的说明书！

而如果想把这本说明书写得实用性强，作为父母我们做的第一件事情就是需要把最初的对孩子无限的想象放在一边，古人云“因材施教”其实说的就是根据孩子的脾气秉性、个性天分进行教育。然而在中国教育体系中，由于高考指挥棒的方向针和普教系统中失衡的师生比例，让因材施教在我们的教育系统中较难实现。所以挖掘孩子优势、发挥孩子的天分就必须也只能落实到家庭教育中，而坚实的亲子关系是任何教育方法实施的前提。真正地从心底接受孩子本身，并让孩子感受到这份尊重和珍惜，和谐的亲子关系就会实现！

你认识你的孩子吗？

十几年的教育工作中，我接触了数以千计的来自世界各地的家长。面对宝宝第一次抬头、第一次翻身、第一次坐、第一次发脾气，在早教中心很多家长的讨论是“怎么这么小会这么不一样呀？”有的喜欢用小手探索周边的一切，有的喜欢用眼睛不停地观察周边的一切，有的喜欢用小耳朵来聆听和感受周边的一切。有的性格开朗与人友善，有的性格内敛不善交际；有的唱歌跳舞喜好表现，有的看书搭积木喜好安静。即使是家中的双胞胎，性格秉性、兴趣爱好都会有很大差异。天性使然，每一个孩子是独一无二的，他们对待外界环境的反应没有好坏之分只有不同，而这种差异一方面来自家庭的教育环境和教育理念，但更重要的来自孩子自身，也就是性格差异，越是了解孩子的性格就越是容易发现孩子的天赋。在了解和尊重的基础上，创造适合孩子发展的教育环境，促进他们的发展、强化他们的优势，并且从根本上给予孩子所需要的支持。那么家长们期待的和谐的亲子关系，一个爱自己又拥有获得幸福能力的孩子就不再遥远了！

我家宝宝啥性格？

大部分的孩子对于玩具的诱惑都是没有免疫力的，我们经常会看到在商场超市中很多孩子因为家长不给买玩具上演的各类戏码。很多家长遇到这样的问题，要么双手投降要么嘴里不停地在念叨着“之前说好的呀，我们今天不买玩具的”但却束手无策。我们来看看不同性格宝宝面对父母不给买玩具时候的各种表现。

红色性格宝宝：面对自己想要的玩具没有办法拿到，撒泼、打滚、尖叫各种大戏上演，红宝宝相信只要坚持哭闹，他们相信爸爸妈妈总会答应他的要求的。红色宝宝想通过情绪来控制家里人，让照料者进行妥协最后达成目标。而很多宝爸宝妈特别是老人往往舍不得孩子哭又或者碍于面子多半也会迁就，如果不加以引导我们会发现红宝宝在到了幼儿园或是小学，情绪起伏总是很大，不开心了就哭闹总是想着身边的人能够哄着自己，或者遇到不顺心的事情希望通过发脾气来解决问题。

蓝色性格宝宝：闷声不响，会呆呆地一直站在玩具前，眼含热泪。不会和家长有剧烈的冲突，但会一直闷闷不乐，直到家长意识到问题所在，通过无声的表态又或是几个暗示的提问来影响事态的发展。很多家长总会说“我家孩子别看小，心思很重”，这个时候多半说的就是蓝色宝宝。

黄色性格宝宝：面对自己想要的东西，黄色宝宝没有商量直接拿着两个玩具就走。即使家长引导和讲道理，他们总会倔强地把玩具拿在手上，家长放回去他们会再拿起来。家长想进行干预的时候，会和家长发生肢体上的冲突。如果哭闹是家长的软肋我就哭给你们看，如果耍赖可以达成目标我就赖给你们看，如果爸爸不让买妈妈有可能那我就找妈妈试试看，黄宝宝会不停尝试不同的方式方法，以最终达到目的。

而对于**绿色性格宝宝**的家长，当他们听到其他家长因为孩子叛逆而头痛的时候，他们总会投来惊讶的目光，伴随一句：

"怎么会？哪里有这么点的孩子这样的呀！把大人搞得团团转，我家孩子看到玩具买就买，不买也就算了，从来不太主动提任何要求呀！"于是其他家长都投来无比羡慕的目光。

看到这里，有些家长不禁倒吸一口气，天哪，这就是我的孩子，这样的情况不仅是在买玩具，家里看电视关电视，外出要玩儿，这样的桥段总是频繁发生，到底该如何是好呢？

性格色彩因色施教

我们的孩子要什么？马斯洛提出的人类的五大需求：生存、安全、归属、爱与尊重是每一个人都需要的，虽然必需但每一个人能够接受的形式却大相径庭，孩子更是如此。俗语说的龙生九子各有不同，就是说即使相同的父母相同的家庭环境，每个孩子的性格也是千差万别。所以在和孩子的教育互动过程中，用孩子需要的方式与孩子互动会大大减少亲子关系的摩擦同时提升所有教育方法的有效性。

红色性格：红宝宝天性乐观开朗，相对比较外向，擅言谈爱表现。因为他们热情和外向红宝宝很容易在社交环境中认识新朋友。所以通常我们看到的在陌生场合就大大方方表演的孩子一般都是红宝宝，他们天性喜欢表现自己获取关注。对于身边所有新鲜事物，他们也充满了好奇心，但由于目标感不强缺乏长性，如果没有外界的鼓励和监督很容易半途而废。因此家长要在目标感和规范性上进行多多的引导。另外红色宝宝由于情感非常丰富并且外露，所以会容易情绪化。因此在互动中家长一方面要给到红宝宝积极的反馈和鼓励，特别是情感互动要频繁和力度要大。但对于红宝宝的负面情绪表达时候，家长要注意接纳情绪但不能接受红宝宝的不良情绪表达行为，要多多教授红宝宝正确的情绪情感表达方法，否则后续任性、脾气大等词语会一直跟随着红宝宝。

蓝色性格："心思重"、"早熟"、"有规矩"是经常听到周边人对蓝色孩子的评价。蓝宝宝天性关注细节、勤于思考并喜欢分析，对于有兴趣的事情他们的耐力和持久性要远远大于红宝宝。他们天性不喜欢被关注，所以在班级中回答问题，我们很少看到爱举手要表现的蓝宝宝，但一旦要求他们回答问题，所有人都会惊讶于他们完美的答案。面对蓝色性格的孩子，生活上的规范性绝不用家长操心，但有的时候由于过于关注细节，速度比较慢、钻牛角尖会让孩子和身边的人都感觉有压力。面对蓝色孩子，由于沟通上比较喜欢暗示，不喜欢直接表达想法和情感，作为家长就需要格外细心，多问多听。同时蓝宝宝对于自己本身就要求很高，所以家长要多多鼓励给他们放松精神，轻松面对生活中的事务。

黄色性格：如果没有找到适用的教育方法，黄色性格的孩子总会让身边的大人头痛。大人会觉得无时无刻地被挑战作为家长的权威。黄宝宝有非常清晰的目标并且在互动中要主导，做错事情从不认错。在与小朋友的互动中，他们是天生的领导者，只要有他们的地方，很自然其他孩子就会跟着他们的步伐走。赶上竞技游戏，为了赢他们会和小伙伴争得面红耳赤。我们经常看到摔倒了爬起来，输了不哭鼻子只要求重来的小家伙们多是黄色性格。面对黄色性格孩子，硬碰硬总是会两败俱伤，找准切入点，甚至在安全的前提下，让他们承担自己决定的后果可以说是非常重要的教育方法之一。

绿色性格："听话"、"随和"、"脾气好"是绿色性格孩子经常被赞扬的几个点。他们由于天性中关注人，希望关系和谐，所以人缘很好。在孩子成长的最初三年，大部分家长都羡慕绿宝宝的父母，因为孩子听话好带没有冲突，这是每一个家长都想要的。但随之而来的，"拖拉"、"没有主见"、"不爱表现"让绿宝宝的父母有些头痛。绿色性格的孩子天性中缺乏内在的动力，所以身边的人在每个阶段需要给他们明确的可实现的目标，并在过程中不断地鼓励，哪怕是很小的进步。

你是孩子想要的父母吗？

每次做育儿主题讲座和家长们分享过性格色彩后，家长们马上会对色入座。然后紧接着家长们最感兴趣的话题之一就是"怎么应对自家的小活宝"，他们希望我能够给出药效最快的方子。当他们了解和红宝宝互动方式要有趣多关注；蓝宝宝比较注重秩序感；黄宝宝要有目标和挑战；绿宝宝要多多激励和引导。于是家长们像是找到了寻觅多年的灵丹妙药，迫不及待地回家试一试。但几日回来复诊，有些家长回去给孩子一"吃"，马上见效，有的回去却迟迟不见效果，有的压根不管用。于是家长带着疑惑回来问我，老师"上次那方法不行，你再给我个方法吧！"而这个时候我最多的询问家长的就是"你是怎么运用这个方法？你当时的说话方式是什么？你当时的肢体动作是什么？你在互动的时候有其他带教人参与吗？当时你是否有急躁？”等等一连串的问题，有些家长开始不耐烦起来，怎么明明是来问孩子的问题，最后怎么好像是自己有问题。其实药方虽是好药方，但煮药的火候是由家长来掌握的，而火候决定着药效。所以这过程中家长们对自己的情绪掌控和性格中优势的运用和过当的控制就显得格外重要。

很多家长总是会挂在嘴边一句话“父母是要和孩子一起成长的”。那么成长什么？有些家长理解为陪伴，有些家长理解为自己要多学习育儿方法，有些家长理解为要多了解孩子的性格。以上的观念都正确却不全面，最核心的是父母需要更好地了解自己，了解成长过程中自己父母教育对自己造成的积极意义和一些留下的阴影；要了解我们自己在性格上的优势和过当；更要结合以上两点面对我们的孩子，作为父母如何提升自己亲子互动中性格优势的运用和性格过当的控制，用最适合最有效的方式和方法去引导我们的孩子。特别是在当我们的孩子并非我们所想象或是我们自认为非常优秀和有效的某些教育方法失败的情况下，不是打骂和教训而是如何让教育再继续。所以和孩子一起成长，更是家长们自我认知和自我个性成长，更重要的是在尊重孩子个体和坚实的亲子关系的前提下，家长们会发现其实自己拥有不一定是最优秀最前卫但却是最适合自己孩子的教育方法。

总是有家长说“这开车还要上个驾校学学，这当爹妈真是没学习过”。于是在没有接受过任何正式培训和学习的前提下，我们便开始承担了另一个生命的终生导师的责任。于是我们自然地沿用我们父母对我们的教育方式，好的不好的。如果我们成长在一个充满爱、尊重和支持的家庭中，我们自然习得了一些优秀的教养方法。但大部分的我们并非如此幸运，有些家庭甚至充满了镇压、冲突、忽视、暴力等问题，而如果我们没有进行自我的成长和反思，我们会不自觉地走入这个模式中，下意识地成为我们不愿意成为的父母，甚至建造了一个我们小时候曾经想要逃离的家庭。所以更好地了解自己，了解孩子，让亲子关系和谐不再是难题。但自我认知和成长并非易事，这需要父母反思自我的成长过程，了解自己的缺失。对于孩子来讲他们并不需要一个“超级”父母，他们需要的是一个能够理解他们、尊重他们、爱他们并接受他们自己的父母。而如果父母不能够真正地认识自身，就很容易将对自己的失望、遗憾甚至伤害转嫁或是延伸到孩子身上；又或是由于自我的性格过当而造成亲子关系的紧张和教育方法的失败。

为人父母我是什么性格？

红色性格：红爸红妈童心未泯，他们在心情好的时候非常愿意参与到孩子的玩耍中，搭积木、骑大马，当孩子情绪不好的时候他们总是能够通过各种有趣的方式调动孩子的积极性，成为家庭中的润滑剂和开心果。但如果红爸红妈自己心情不好，那么相应他们的耐心也会大打折扣，他们的心情都在脸上，如果修炼好的红爸红妈会告诉孩子自己的情绪，给自己留出空间和时间进行调整，待调整好后再和孩子互动，这个过程一方面让孩子学会了尊重他人的私人空间同时也学习自身的情绪调整。而如果自身修炼欠佳的父母，会在无意间想通过发泄去减少自己负面情绪带来的不愉快,而这个时候孩子本没有做什么错事,却被牵连进去,于是大人孩子坏情绪一锅粥。而事后红爸红妈无不为自己的情绪化感到懊恼,但坏的情绪管理榜样给孩子的伤害也已经造成。所以红爸红妈天生就是孩子非常好的玩伴,这无形之间很容易建立较好的亲子关系,但他们的情绪化是伤害这层关系的最致命的武器。

蓝色性格:蓝色性格的父母对于规范性和秩序性的要求可谓极高。在这样的家庭中成长的孩子,或多或少总会听到老师和邻居的表扬中说到“孩子做事情有板有眼,规规矩矩”类似的夸奖。在与孩子的互动和沟通中,蓝爸蓝妈总是会点到为止,很少戳破,给了孩子们无限的想象空间。但由于对于自身的要求极高,在沟通和互动中又不喜欢直接表达情绪情感,所以在亲子关系中,特别是对红色孩子会造成很大的压力。红色孩子天性有一点点进步都需要关注和鼓励,但这些小进步在蓝色性格父母中可以忽略不计。他们认为给到你更高的要求才会对你的人生路有实际的帮助,于是红色的孩子在蓝色家庭中会出现极强的挫败和情绪的压抑。因此蓝爸蓝妈在亲子关系中,在关注对事情的要求的完美上,同时需要更多地关注孩子的情绪,适时地用语言或者肢体动作对孩子的进步进行鼓励和表扬。

黄色性格:黄色性格的父母他们很多时候都是充当家庭中的主导者,无论是在工作中还是在家庭中都拥有的着绝对的权威。在亲子关系中,黄爸黄妈有绝对自己坚持的教育方法并且不允许任何人质疑。他们会安排好孩子的一切事务,特别是在入园、就学和就业上会坚持自己的观点,要求孩子进行配合。当孩子遇到问题和困难的时候，黄爸黄妈总会在第一时间给出解决方法。有些孩子在这样的安排下按部就班的成长，后续工作生活也很好。但如果孩子自身性格中黄色较多，这种说一不二的教育方式就会频繁地出现冲突。当出现冲突后，黄色性格父母由于缺乏耐心和被激发的急强的好胜心，会将亲子关系推至冰点。所以作为黄爸黄妈要想获得和谐的亲子关系，特别是遇到红色、蓝色和绿色的孩子时候，要增强耐心，多多倾听和关注孩子的情绪，把自己的观点放放，多角度地听听孩子的想法，并学会放手让孩子走出属于他们自己的路。特别是当他们有一天失败的时候，不奚落不比较不嘲讽，仍旧用无条件的爱接纳孩子。

绿色性格：绿爸绿妈的好脾气和包容度是其他三色父母所无法比的，他们会有足够的耐心等着孩子在路边看小蜗牛、等坚持要独立的孩子自己清理桌上的小米粒，他们和宝宝说话语气总是相对平缓。但如果遇到红色宝宝的大哭大闹，黄色宝宝的不达目的不罢休，绿爸绿妈就会被搞得晕头转向。特别是当家里出现由于隔代教育以及婆媳关系造成的矛盾时，想让绿爸绿妈表态，这几乎是不可能的。所以在亲子关系和家庭关系中，绿色性格的家长需要学习在适当的时候表达自己的观点，并不畏惧冲突而坚持自己的立场。

总　　结

每一个孩子都是上天派给我们的小天使，我们会因为他们遗传了我们的优点而沾沾自喜，我们也会因为他们有很多缺点而懊恼抱怨。就如我们通常说孩子是“甜蜜的负担”，作为父母我们要做的就是接纳孩子本身的样子，在他们成长中挖掘他们的潜力并帮助他们尽早认识自己的性格中的长短板，帮助他们成就最好的自己。而在这个过程中，其实我们也成就了自己。这才是陪伴孩子成长的最核心的意义，大家说是吗？

因色施教——入托入园不哭

又是一年一度小朋友的入园季，每年9月幼儿园门口总是会上演各色戏码，同样第一天入园，有的哭得死去活来，有的眼含热泪不声不响，有的忙着和爹妈谈条件，有的不哭也不闹，好不热闹！

作为一名长年在幼教行业工作的人员，每年9月入园后的第一个月我都为每一个宝宝捏把汗。因为这些宝宝第一次离开家、离开家人，如果他们能够顺利融入幼儿园，这无疑是成功迈入社会的第一步，更是他们成长中非常重要的里程碑之一。但每年9月我都会看到很多家长由于不了解孩子性格，用了短平快的粗暴分离方式，要么就是被孩子的哭闹操控，后续出现入托入园失败，要么就是宝宝人在幼儿园心在家里，无法融入集体生活。

入园前夕，根据不同宝宝的性格，我给家长分享了一些入托入园的注意事项，家长使用后感觉孩子入园的不适应症状明显减少了，特别是当有些家长把孩子的性格特点跟带班老师进行充分交流后，大大提升了宝宝对集体生活的适应程度！

周一一早，幼儿园门口，宝宝们迎接开学的第一天。早上8点钟，幼儿园的老师们已经在门口准备迎接小朋友。

（一）红色宝宝：情感关注是安全感的保障

妞妞的哭闹从妈妈给她开车门就开始了，妈妈一边领着她朝幼儿园方向走，她一边尖叫配合哭闹，“妈妈，我不要去幼儿园，你不要去上班啦！”妈妈已经习惯了这样的戏码，于是没有理会妞妞径直朝幼儿园大门口走去。到了门口，妈妈顺手给妞妞擦了擦眼泪，然后准备将妞妞的手递交给老师。就在这个时候，妞妞彻底情绪大爆发，就此躺在地上开始撒泼打滚，嘴里高喊着：“老师你放开我，妈妈你别走，妈妈你再抱我一下吧！”老师尝试安慰反而让妞妞更加声嘶力竭，为了挣脱老师甚至开始踢打老师。面对这样的宝宝，老师也犯了愁，又把妞妞妈叫了回来。当妞妞妈看到眼前已经哭得泣不成声的女儿，怎么也想不通，平时胆子也挺大，喜欢和小朋友一起玩，上次开放日也表现很好，昨晚也高高兴兴的，怎么关键时刻就这样了呢？老师告诉妈妈，可以先抱妞妞一会儿做做孩子思想工作。

妈妈：“你是大女孩儿了，大女孩儿都要去幼儿园。幼儿园多好玩呀，刘老师你认识的呀，刘老师可喜欢你了！”这个时候妞妞才抬头看看身边的刘老师，然后扭头靠在妈妈的肩上开始抽泣。

妞妞：“妈妈，我不想上幼儿园，我想你陪我，我想回家。”妞妞一边抽泣一边说。

妞妞：“妈妈也很想陪你呀，但妈妈要去上班，我不去上班就没钱给你买玩具了。妈妈再抱你一会儿，你就要和刘老师去教室了好吗？”离别的时候妈妈狠狠地抱了妞妞一下，又亲了脸蛋一下。过了十几分钟，妞妞的情绪开始平复。但妈妈真要走的时候，妞妞又开始哭闹起来，但知道大局已定，只是拉着妈妈的手，要求再亲亲，要求早来接她，然后拉着老师的手哭哭啼啼地走进教室。

进入教室，妞妞的哭闹是断断续续的，偶尔看到好玩的会被吸引，开心的时候会放声大笑。但其他小朋友一哭，她也开始哭闹。这又哭又笑的，变脸比翻书还快。但几周后，妞妞放学的时候就开始和其他小伙伴成为朋友。老师也表扬说她上课发言非常积极，只要一表扬表现就特别好，班上有个什么节目，妞妞都非常积极参与。而妈妈也说，回家以后，只要老师说的话都是圣旨，每天回家都会不停地讲哪个老师又夸奖她了，哪个小朋友和她要好了。

红色性格的宝宝平时性格比较开朗，喜欢讲话也喜欢与人互动。对于新鲜事物容易产生兴趣，但长性不足。特别喜欢表现喜欢被关注。如果长期得不到周围环境的表扬和肯定，就会显得失落甚至要逃避该环境，希望换一个环境来获取关注。家长需要寄予比较多的情感关注，不仅是语言上，更需要肢体上的抱一抱和亲一亲，这样他们才会感受到充分地被爱从而产生安全感。

面对红色性格的宝宝，入园初期家长可以配合以下四点：

第一：充分的铺垫

由于红色性格宝宝对于情感的关注度要求很高，所以在入托入园之前，可以多到幼儿园参加开放日活动，熟悉环境，特别是熟悉带班老师。最好有之前相熟的小朋友在一个班级，老师和小朋友给带来的情感安慰会大大缩短孩子的适应周期。

第二：对入园必备技能准备充分

进入幼儿园对于生活自理能力的要求瞬间提高，如果能够掌握好独立吃饭喝水、上卫生间、穿衣服等生活技能，孩子会更容易适应幼儿园生活。与此同时获得老师的表扬、小朋友们的夸奖，会让红色性格宝宝喜欢被关注的性格特点得到满足，从而从心理上更快适应幼儿园。而一旦这些生活技能没有准备好，带来的挫败感会让红色性格宝宝想要逃避从而不想上幼儿园。

第三：及时具体的表扬和鼓励

红色性格宝宝特别喜欢关注和认可，但同时家长要注意表扬的方式方法，不要只是概括地表扬“你真棒”、“你真厉害”。这种没有营养的表扬会让此类性格的宝宝迷失方向，形成以后过于自我为中心的性格特点和自负的行为表现。因此在入托入园过程中，表扬具化可以体现为“哇，你今早这么勇敢，自己走进教室都没哭，你真棒！”；“老师夸奖你，说你今天帮助新朋友拿玩具，真好！”

（二）蓝色宝宝：无言的理解和肯定是前进的动力

距离幼儿园门口还有十几米，浩浩就死死地拉着妈妈的手，眼含热泪地看着妈妈。妈妈避开了孩子的眼神，浩浩被妈妈快步拖着，被动地向前走。走到门口，刘老师弯下腰：“哎哟，浩浩来了，来测个体温。”浩浩低头不语，头深深地埋在妈妈怀抱里面，妈妈想试图强硬地将他放下，但他就是手死死抓住妈妈的衣服，眼里满是眼泪却什么都不说。再尝试几次强硬分离失败后，妈妈决定和浩浩谈谈。妈妈把他抱到边上，孩子紧张得浑身都是汗，泪水在眼眶里打转转，眼睛直直地看着妈妈。

妈妈：我们昨天不都说好了吗？怎么说话不算数了呢？（浩浩眼泪开始吧嗒吧嗒流下来，但还是不吭声）我们是大小伙子啦！你看看乐乐比我们小都自己上幼儿园不哭啦！幼儿园多好玩呀！妈妈又说了一大堆，浩浩一直不讲话。过了差不多五分钟才开口。

浩浩：可是幼儿园没有妈妈！我想妈妈陪我一起上幼儿园！我要我的小狗和我一起上幼儿园。（小狗是浩浩非常喜欢的一个绒毛玩具，这个时候开始泣不成声）

妈妈：哦，这样子呀！那这样好吗？妈妈今天第一个来接你，行吗？还有我们明天问问老师能不能带小狗一起来幼儿园。今天你乖一点好吗？你看乐乐和你正招手呢！

浩浩：那拉钩钩，妈妈第一个来接我！

妈妈转身要走的时候，浩浩还是拉着妈妈的衣服跟着走了一段路。后来经过妈妈的再三安抚和小朋友的热情召唤，才放开妈妈。但妈妈走的时候，他再三叮嘱妈妈要第一个来接他，然后一边默默抽泣一边被老师拖进了教室。

接下来的一天，浩浩的情绪都很低沉，没有大哭大闹就是闷闷不乐，不会主动找小朋友玩耍互动，对于所有的新鲜事物都没有什么兴趣。在后来的半个月中，家长的反应是，孩子会晚上做噩梦惊醒然后就抱着家里人要哭好久。每天早上不言不语，也不大哭大闹，就是拉着你的手不放，这种情况持续了很长一段时间。

对于入园第一个月的表现，老师表扬浩浩做事情非常仔细，每次玩具玩好都规规整整收拾好。中午吃饭老师让他帮忙发碗和勺子，他会一套一套摆得整整齐齐。每天吃完饭，桌子上碗里都没有米粒，干干净净。幼儿园做手工，其他小朋友都是抓到什么是什么，浩浩总是要先把需要的剪刀、胶水、纸张都准备好才开始，涂色的时候更是不能有一点颜色涂到框框外。老师们都感叹说，这孩子怎么教的，这么有规矩和计划性。而家长的反馈是，从小就这样。家里的东西，他都会摆得整整齐齐，只要有人动了，他就会不高兴，一定要摆回去。馒头上有个小黑点，墙面上有个铅笔印，他都会弄干净。到了两岁，就教过一次分类，于是家里的车子、玩偶不同类的玩具，他都能规整得很好。但对于一些创意类活动，例如玩沙子、玩颜料，他需要适应很长时间，而且玩一会儿就要擦手，衣服上有一点脏就要换。上课老师提问，基本不主动回答，但每次回答给出的答案都会给人非常周全的感觉，看来是思考很久的结果。

蓝色性格宝宝相对比较内向不愿意表达，情绪内敛。在与其他小朋友互动中，更希望用行动或是暗示的方法来达到沟通的目的。做事情上，蓝色性格的宝宝对自己要求很高，比较关注细节，要求完美，同时计划性和规划性较强。在幼儿园老师要小朋友们举手发言的时候，和红色性格宝宝的迅速反应相比，蓝色宝宝要思考很久，但每次给出的答案总是很全面或是独树一帜的。

面对蓝色性格的宝宝，入园初期家长可以配合以下四点：

1. 建立可预见的接送流程

由于蓝色宝宝对于规范和秩序要求非常高，所以在入园初期家长可以和宝宝建立一套完善的接送流程。

每日告别流程：

和宝宝建立一套每天的告别流程，每天送到幼儿园门口的时候，都可以先和妈妈玩一个游戏，然后抱一下，亲一下。每天按照这个规范和流程进行，会大大减少蓝色性格宝宝的不安感同时提升入园的配合度。

接送流程：

由于蓝色性格宝宝的情绪表达多半都是比较内敛的，有的时候为了哄宝宝，家长会答应孩子第一时间来接。但请注意，如果你说你是第一个，那么蓝色性格的孩子就会深深地印在脑子里面。和红色性格宝宝的情绪来得也快去得也快，不同的是，而蓝色性格宝宝如果你一旦没有履行承诺，就会沉默寡言，闷闷不乐，让家里人摸不着头脑，百思不得其解，所以家长一定要信守承诺。

2. 安抚玩具的介入

由于蓝色性格的宝宝情绪比较内敛，如果我们不仔细观察会感觉他们好像没什么情绪，但其实不然，蓝色性格宝宝的情绪需要格外关注。但幼儿园特别是公办幼儿园师生比例比较高，一般是一个老师要面对三十几个小朋友，老师的确很难关注到每一个孩子的细微变化。外加新环境，蓝色性格宝宝会比较长时间陷在分离的情绪中，这个时候从家里带来的熟悉和喜欢的玩具在过渡期会起到非常好的作用。这就是为什么案例中浩浩问他的小狗是不是能够上幼儿园，由于自身情感不擅于表达，同时又渴望被理解，于是家里带的安抚玩具会帮助他们调节情绪降低对新环境的不安感。

3. 对入园必备技能准备充分

无论任何性格的宝宝，进入幼儿园对于生活自理能力的要求瞬间提高，如果能够掌握好独立吃饭喝水、上卫生间、穿衣服等生活技能，孩子会更容易适应幼儿园生活。但与此同时蓝色性格宝宝追求细节和完美，可能在适应集体生活中需要提升速度。因此家长平时多和孩子做一下比赛，看谁比较快，或是和幼儿园老师沟通一下，适当让宝宝提前一两分钟进行准备，这样又能有速度又能保证蓝色性格宝宝所关注的细节点，否则对自己高要求的蓝色性格宝宝由于仓促会出现焦虑和烦躁。

（三）黄色：永不言败的小强

“我说了我就不上幼儿园！”小亮坐在车上死活不下车。“乖，赶快下车，爸爸等下还要上班。”爸爸带着一脸的不耐烦想哄小亮下车。“我就不上幼儿园。”小亮完全不吃老爸这一套，两个人就在马路边僵持着。妈妈坐在副驾驶上一言不发。过了5分钟，爸爸沉不住气了，气汹汹地放下一句话：“你下不下来，你再不下来，你就找打啦！”听到这儿，小亮看着爸爸嘴里嘟囔着：“你打我我就告诉奶奶！”正当爸爸要上前拉小亮，妈妈赶紧回头和儿子奶声奶气地说：“乖儿子，听你爸爸话，回来妈给你买大汽车。快点和你爸下车，就快迟到啦！我儿子最懂事了！”听到大汽车还有妈妈的表扬，小亮倒是很配合地下了车。他大摇大摆地走在爸爸前面，爸爸跟在后面。走到幼儿园门口，老师和小亮打招呼，“小亮好呀，今天是爸爸送你来上幼儿园呀！妈妈没来吗？”“她妈妈车上呢！去年送就没送进来，今年她妈怕再搞不定他，就让我来送。”爸爸回复到。“行了，儿子快点进去吧！爸爸走啦！”话声落，爸爸转身要走。小亮拉着爸爸说了一句：“爸爸，妈妈刚才和我说我今天上幼儿园，她给我买大汽车，对吗？”爸爸以为儿子拉着自己要表达一下对自己的不舍，原来是要大汽车，忽然还有些失落，但转念一想这小家伙也还行够独立。“对呀，你等下自己进去，然后今天吃饭拿到小红花，我下午来接你咱就去买。现在赶快跑，你看晨晨都跑进去了，人家比你小你看动作多快。赶紧的！”爸爸趁势将了小亮一军。小亮回头一看，晨晨正往门口跑呢，也不和爸爸再见啦！撒腿就往自己教室奔跑，一边跑还一边回头看，是不是把晨晨彻底地甩到了后面。

接下来的一天，小亮除了午睡的时候偷偷地流了几滴眼泪，大部分的时候都沉浸在新玩具、新环境的探索中。对于旁边哭得不停地妞妞，会安慰一句：“别哭啦，哭没用。你等到睡醒了，他们就来啦！别哭啦！”

入园一个月，老师对小亮的评语是“班上的孩子王”，只要小亮要玩什么，一帮孩子就会响应。一排散落在教室的小椅子，他一声令下“我们搭火车吧！这边当头，那边当尾。杭杭你去把那个椅子搬过来！妞妞不对，你放错了，要放这边！”一堆小伙伴在他的带领下，一会儿就把小椅子排排搭好，小亮成了车长，一堆小伙伴开起了小货车。但同时小亮也是另几个孩子的眼中钉，他们总是会为了争一个玩具大打动手，老师批评死不认错，告诉家长，第二天和告状的老师顶着干。幼儿园的所有活动中，小亮最喜欢竞技类，无论是跑步还是算算数，都要第一。得了第一就欢天喜地,如果小组由于哪个小朋友跑慢了,没拿到第一,小亮会非常直接地指着小朋友说:"你怎么这么慢,都是你我们没拿第一,下次你别和我一组。"那小朋友被说得哭得稀里哗啦。但小亮全然不在乎,即使老师和家长都说小朋友要团结要互相帮助,但小亮根本听不进去。

黄色性格的宝宝自信并且喜欢挑战,所以在课堂表现和各类活动表现中这类孩子都非常突出,特别是在竞技活动中,他们不服输不放弃。与此同时,控制力强,死不认输,不听取他人意见,不太关注其他人感受,会给身边小朋友压力。

面对黄色性格的宝宝,入园初期家长可以配合以下三点:

1. 建立任务挑战记录表

黄色性格的宝宝喜欢挑战和完成任务,每一个任务的完成都会让他们充满了成就感。家长可以设计任务卡片,通过任务卡片帮助他们顺利适应幼儿园的集体生活。例如:按时吃完午饭得小红花、早上准时起床得一枚小红花,能够帮助同学得一枚小红花,甚至当小红花累积到一定数量的时候,可以提一个合理要求。

2. 帮助宝宝学习换位思考和体会他人感受

班级里面各类活动的突出表现,会让很多小朋友成为黄色性格宝宝的追随者,但这些小追随者也时不时地会被控制力过强的黄色宝宝吓跑,而黄色性格宝宝觉得你走就走,是你不厉害,我要找更厉害的小朋友一起玩。无形之间会伤害到其他小朋友,有的时候自己也会被孤立了起来。所以在早教期间,家长对于黄色性格宝宝的成长关注点更应该放在换位思考,放下输赢，重在共情上。

3. 相信授权胜于批评控制

黄色性格宝宝天生不服输，喜欢挑战权威。如果老师用强硬的方式会激起他们的逆反情绪。所以如果老师有告状，家长要从另一个角度和孩子沟通，特别是建立另一个目标。由“你看，你们老师说你上课又捣蛋”而变成“老师说你上课手工完成得很快，妈妈想你要是更专注些下次一定可以完成两份手工。刘老师说，你下次要是能完成两份手工，你就可以当手工组小组长了。”

（四）绿色：爱好和平的小天使

佳佳跟随着妈妈的脚步朝幼儿园门口走来，小手一直紧紧地抓着妈妈的衣角。到了门口，妈妈蹲下身来说：“宝贝儿，听老师话呀！妈妈一下班就来接你，好吗？”“好的。”佳佳眼含着眼泪低声回答。“哎哟，不哭啦！哭就不漂亮啦！你再哭，妈妈要伤心啦！”妈妈说。佳佳听到妈妈要伤心啦，马上用小手把脸上的泪水抹干净。“妈妈，我会乖乖的。我会想你的。”佳佳一边抽泣一边说。刘老师俯身给佳佳测了体温，然后把佳佳从妈妈手里接过来。小家伙虽然伤心，但也没有任何的反抗。妈妈和佳佳挥手再见，佳佳虽然舍不得但还是和妈妈挥手告别了。

接下来的一天里，佳佳就跟着老师，老师要求做什么就做什么，集体活动时间，要么就自己坐角落里面发发呆，要么就是老师给一个玩具可以从头玩到尾，钢琴声响起，老师说收拾玩具，有些小朋友因为还想多玩一会儿会不高兴，而佳佳从来都是乖乖地把玩具收拾好，然后拿把小凳子坐在旁边等。一天下来，老师的评价就是，这孩子怎么这么乖！

一个月下来后的评价，老师对佳佳的评价好像除了乖就是听话，乖到很多时候，大家都忽视了她的存在。佳佳从来不捣乱，从来不和其他小朋友争抢玩具，非常好说话，有几次本来是佳佳先拿到的玩具，但其他小朋友要玩，然后对方和她说了几句好话，她马上就和对方交换啦！如果两个小朋友不开心了，佳佳总是会把他们小手拉在一起说"不生气啦！不生气啦！"在班级的游戏活动中，老师发现佳佳比较喜欢跟随大众意见，怎么玩都可以。对于幼儿园一些竞技类的活动一般都需要老师和同学的格外鼓励和动员，否则就在旁观观摩。虽然听话，但做事情会比较拖沓，无论是小红花、小贴纸都无法激起佳佳的斗志，她不羡慕也不嫉妒，有了更好，没有也无所谓。

绿色性格的宝宝生性平和，情绪比较平稳。在集体生活中，不太愿意引人注意，有些时候喜欢独处静静地一个人玩耍。和小朋友在一起比较害怕发生冲突，经常充当冲突中的和事佬。他们很少提要求，甚至在很多时候老师或者家长主动询问他们要求的时候，由于过分在意对方的反映而不敢表达真实的想法，总是会回答"都好"、"我也不知道"、"你说吧！"等等。

面对绿色性格的宝宝，入园初期家长可以配合以下三点：

1. 鼓励表达真实的想法

绿色性格宝宝在幼儿园中很多时候，好像都不太会感受到他们的存在。但这并不代表他们不需要被关注，只是天性希望人际关系和谐，会把大家的感受放在先，很多时候不敢表达自己的真实想法。所以家长在早教及幼教阶段可以每天晚上固定在家人面前举办家庭小剧场，主要的目的就是让绿色性格宝宝成为主角，鼓励表达真实的想法。无论对与错，家长都要鼓励他们能够表达的行为。

2. 耐心对待拖延

面对绿色性格宝宝的拖沓，唯一能做的就是给他们充分的预热时间，然后交代清楚下一件具体事项和目标。待这件事项完成后再预知下一件事情，久而久之养成良好的习惯。

3. 小的进步才有大的进步

面对压力面对任务，绿色性格的宝宝会恐惧退缩，激将法、鼓励、赞扬都不会对他们起到推动。最好的方法就是将大目标分解成若干小目标，将大项目分解为小事情，然后清楚地告诉宝宝实现目标的具体步骤，然后每完成一步都给出表扬。

别把自己的需求压给孩子

“老师，我的外孙情商太低。”小欣的外婆开口和我说的第一句话就是这个。

“老师，我妈就觉得我儿子情商低，小时候还觉得我儿子有自闭症。我真的都无语了，我妈就不能盼我儿子有点好吗？”妈妈开口的第一句话。

为家长进行一对一育儿咨询是我工作中非常重要的一部分。但一般情况，在咨询前家长会被告知至少要两位以上主要照料人来参与，基本的配置就是父母然后再搭配其他照料者。除特殊情况外，父母是必须到场的。来前的基本信息显示，家庭成员组成是“2+2+1”，也就宝宝带教环境中有两位老人及父母四位主要照料者，怎么来的是外婆和妈妈？

“小欣妈妈，一对一咨询基本参与人员是父母，老师有通知您吗？”我想询问一下爸爸没有来的原因。

“老师，实话和您说吧，我知道这一对一人家都是来了解育儿知识解决孩子问题的。我们家的情况是这个样子，我和我老公都觉得我儿子挺好的没啥问题，重点是我妈。老太太从小就觉得我儿子有问题，之前来上早教的时候是17个月，那个时候孩子讲话少也比较内向。我妈就觉得我儿子是自闭症，后来在这边上早教不到两个月开始话讲得多了，也开朗了起来。我妈这个时候又开始和我说，我儿子情商低。然后就是担心，说是这情商低以后可怎么办？不会和人打交道，男孩子这么内向以后怎么在社会上立足呀？我今天其实主要想让老师给我妈咨询一下，否则我儿子没问题也被我妈弄出问题了。”妈妈一口气说了一串。

妈妈这样的开场白，让我对这次咨询产生了浓厚的兴趣。

我好奇地把目光投向外婆，外婆不到六十岁，短发，看上去人很精干。“外婆，您刚刚和我说您觉得小欣情商低，您能给我举几个例子吗？”我希望外婆给我更多的信息。

“老师，不瞒您说，这孩子我为什么觉得他情商低呢？一来不喜欢和人打招呼，在我们小区里面，看到人家邻居，你要是让他打个招呼，他就往你身后躲。还有就是前段时间我去了深圳我亲戚家住了一段时间，回来的时候，这孩子看到我也没特别高兴，我就觉得我之前带他这么久，这孩子都不知道想人。这以后你说谁还会疼他记着他呀？再有就是，家里面其实总是会有些大大小小的吵吵闹闹，每次我和他外公我们两个吵架，这孩子呀，就一声都不吭，都不像人家孩子会害怕或者过来劝劝。怎么一点儿人情都不懂的呀！老师，你说是不是情商低呀？”外婆不间断地讲了三个例子。

“小欣外婆，您讲得我都听懂了。您一共讲了三个事情。第一：小欣外出遇人，被要求打招呼就向后躲。第二：在和您分离一段时间后，当您回来的时候，没有表现出特别的开心。第三：在家庭中出现争吵的时候，小欣没有吭声。外婆这三点是您刚刚讲到的吗？”

我重新将外婆的提出的问题再次叙述了一边，然后也和在旁边听的妈妈确认是否如外婆所说。当我回头问妈妈的时候，妈妈的表情显得有些纠结。

“老师，这个问题，我是这么看的。我觉得孩子和孩子都是不一样，我朋友家一对双胞胎两个截然不同，一个是很开朗的，另一个就有点闷闷的。我妈总是拿我儿子和其他小孩儿比较，可是您要知道我家小欣数学和认字都超出一般小朋友，小区的其他家长还总是夸奖我们小欣也都羡慕我们呢！我觉得呢，孩子没什么可比性，我妈总是拿我儿子的短板和人家的长处比，这比来比去，我怕我儿子有阴影。”妈妈表达了自己的担忧。

家长来做专业育儿咨询的时候，首先必须确认孩子是否存在问题，抑或是因为成人对于孩子的不了解又或是对于孩子早期教育发展不了解引起的问题。所以目前外婆和妈妈的交集点在于，小欣情商发展是否存在问题。于是我决定进入咨询的第二步骤“观察和分析”，通过现场观察小欣在社交群体中的表现。

通过半天的观察分析，小欣在社交发展商属于正常发展，也就是在这个阶段正常发展区域内。那么为什么外婆就是觉得小欣情商低呢？这个时候其实就是要从幼儿发展再加入另一部分专业知识，宝宝性格和主要照料者的性格差异。

根据之前外婆提到的关于小欣“情商低”的三个表现，妈妈给出的反应是：

1—当小欣被要求打招呼但躲起来，外婆认为小欣情商低，而妈妈说：

“小欣其实是一个心思非常细腻的人，他不叫不代表他不喜欢别人或者是不懂人情世故。他只是不太喜欢别人这么关注他，但是每次晚上回来，我们聊天的时候，我问他今天有见过谁，去哪儿玩儿。他都会一一说出来，有的时候我都惊讶这孩子记忆力这么好。其实有的时候，如果我们不是特别刻意去要求他喊人，他有的时候反而会主动叫人。只是我妈，每次都是逼他一定要喊人，搞得小欣反而排斥。”

2—与外婆分开很久，回来再见外婆没有特别开心，外婆认为情商低。妈妈说：

“在外婆回来前，小欣就说外婆回来我们要不要先给她打个电话呢？还有那几天，他都会和我说要把房间帮外婆打扫好，还把自己的小毯子放在外婆房间，说这样外婆暖。而且那天我们去机场接外婆，小欣虽然没有那么情绪高涨，但当时也是很贴心过去抱了外婆一下。我觉得每个人的表达方式是不一样的。我妈性格比较外向也比较热情开朗，和人交往都掏心掏肺的，所以她觉得这才是好的。我觉得我儿子就是那种情感比较内敛的人。”

3—外婆外公吵架，孩子没有太多反应，外婆认为情商低。妈妈说：

“其实对于我爸妈当着我儿子面吵架，我认为是非常不好的。孩子虽然不说什么，不表态并不代表他不懂。有一段时间，我儿子总是闷闷不乐，每天我早上上班就不愿意让我走，我就觉得反常。后来我问了很久，小欣才和我说‘妈妈，那天外婆和外公吵架，是不是因为我不乖呀？’老师，我儿子心思比较重，很多事情都闷在心里不愿意说，但不是我妈说的没人情味呀！”

三段话讲完了，瞬间办公室里面安静至极，外婆陷入了深深的思考……

为什么同一个孩子同一个表现，不同的家长出现不同的反馈呢？这其实就和孩子和家长的性格有关了。

红色性格：情绪情感外露，情感需求相对强烈。在人际互动中，喜欢被关注和认可，情感表达直接，喜欢被表扬。情绪丰富且起伏强烈，但来得快去得也快。

蓝色性格：情绪情感内敛，情感需求较强烈，但不喜被关注。在人际互动中，不喜表达，更倾向于暗示和无语言的默契与共鸣。情绪情感来得慢去得也慢。

黄色性格：情感互动多以行动和为对方解决问题来表达，情绪起伏较少。在人际互动中，很多时候让对方有被忽略的感觉。

绿色性格：情感互动中，比较随和，以人际和谐为目标。情绪起伏较少，人际冲突几乎没有。

上述外婆认为外孙小欣情商低的案例，是典型的红色性格和蓝色性格之间的矛盾。

红色性格的外婆，在情感需求比较高，对于自己的任何付出和反馈，都希望能得到外界及时、直接的情感认同。红色外婆内心是希望被外孙深深需要和认可的，如果外孙外出可以多和别人打招呼，那么大家都会夸孩子有礼貌，外婆该多有面子呀；如果外婆回家，外孙能够表达“外婆我好想你”，外婆会感觉自己被孩子一直挂念着；如果在老两口吵架的时候，外孙能够直接过来哄哄外婆，外婆就是感觉这个外孙是爱自己的……

但一切只能是如果，因为小欣是个蓝色性格的孩子，在情绪情感表达上可以说和外婆截然相反。

蓝色性格的外孙，在情感互动中通常比较婉转，心里有但不愿表达。与红色性格相反的喜欢被关注，蓝色显得格外低调。当外婆远途要回家的时候，蓝宝宝宁愿提前做好一切准备来迎接外婆的回家，来表达自己的爱也不太愿意见到外婆直接去表达；当外婆和外公吵架的时候，蓝宝宝小欣都看在眼里记在心里，他的小脑袋在不停地思考。为什么外婆和外公要吵架？是不是因为小欣哪里做得不好？我要怎么做才能让外公外婆开心呢？一连串的问题，压得蓝宝宝喘不过气来，而这样压抑的情绪会伴随蓝宝宝很久。

性格没有好坏，只有差异。红色性格的外婆，喜欢被关注和表扬，喜欢强烈的情感表达，这没错；蓝色性的宝宝，不喜欢被关注，表达情感比较委婉，这也没错。重要的点，在于理解和接纳。

每一个孩子都是上天派来的天使，他们天真烂漫但又性格迥异，在养育孩子的同时，一方面我们要提供尽可能提供优越的教育资源，去培养他们，用我们的细心照料去爱护他们；而另一方面我们也要更多地了解自己了解孩子，用孩子能接受的方式去爱孩子，这样我们的亲子关系才会更加和谐。